週末フィンランド

ちょっと疲れたら一番近いヨーロッパへ

岩田リョウコ

大和書房

今、悩みや迷いがある、なんだかモヤモヤしている、自分の中の何かを変えたい、正直疲れ切っている……。はい、それならフィンランドへ行きましょう！　冗談じゃなくて、まじめに言っています。フィンランドは「心の洗濯」ができる国だと思っているからです。

しかも、日本から一番近いヨーロッパ。週末や三連休、プラスお休み１、２日で心と身体をゆるめて帰ってこられるんです。

「地球上で一番しあわせな国」

フィンランドはここ数年、幸福な国ランキングの世界王座に輝いています。わたしがはじめて行ったのは２０１３年。そのときはしあわせの国とは知らず、コーヒー消費量世界ナンバー１の国と聞き、そのコーヒーを飲みまくる人たちのコーヒー文化を見てみたいと思ったのが旅行のきっかけでした。念願通りコーヒーを飲みまくり、屋台でサーモンを食べ、サウナにも入りました。はじめてのヘルシンキは外国なのに緊張感がなく、とても気持ちがよくて、ほんの数日の滞在にもかかわらず、妙にしっくりなじんだ感覚がありました。はっきりとした理由はないけれど、フィンランドがとても好きになりました。それから年に1、2度行くようになるのですが、その「なんとなく気持ちがいいから好き」の理由がだんだんわかってきたのは最近のこと。やはりそれはフィンランド人のしあわせの感じ方と関係しているのではないかなと考えています。

フィンランドには、パリのルーブル美術館や、ニューヨークの自由の女神のような目立つ観光スポットはありません。フィンランドはフィンランド人の日々の生活にちょっと混ぜてもらったり、彼らがしあわせだと感じていることを、少しマネさせてもらえる「体験の国」なのです。VRで旅行体験ができてしまう時代に、自分の目で見て肌で感じる体験ができる海外旅行ってぜいたくなのかも、と思っています。

この本は、これまでわたしが友人、母、お仕事関係のみなさんと一緒に、そしてひとりで行って見てきたフィンランドのこと、オススメのお店や場所、感じたこと、失敗談などを書いています。一緒に旅をしている気分で読んでいただければと思います。そしていつか行きたいと思ったら、もう行っちゃいましょう！　きっと心と身体がすっきりして、何かが変わるはずです。そして理由なんてないけど、ただフィンランドが好き！　と思ってもらえたらうれしいです。

岩田リョウコ

週末だけでフィンランドをめぐる——

小高い丘にそびえる
白亜の大聖堂

市民の夢が
形になった図書館

サウナ→バルト海にドボンが
叶う場所

活気ある
地元の市場で
お買い物

国立公園のスモークサウナで
至福の体験

自分の目で見るオーロラは
地球外生命感！

地元に愛され続ける
100年続くサウナ

SPRING

まだ肌寒く雪が残る春。
でもフィンランド人に
とっては長い冬が
終わることで
心に春が来るのです。

それぞれの季節の自然を楽しめるのがフィンランド

SUMMER

フィンランドの
キラキラした夏は
天気も気温も
パーフェクト。
日が沈むのは
夜10時すぎ。

©Carmen Ng

FALL

フィンランドの秋は
一瞬で過ぎてしまう
貴重な季節。寒すぎず
天気もまだ悪くない時期は
オーロラにぴったり。

©VISIT FINLAND

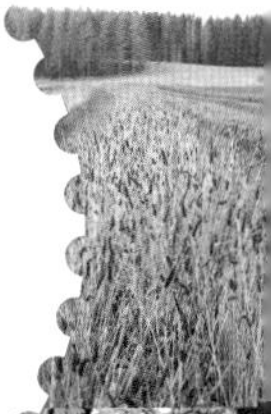

©Carmen Ng

WINTER

フィンランドの
イメージといえば
トナカイや雪景色。
憧れの冬の姿を
見せてくれます。

©VISIT FINLAND

フィンランドグルメを楽しむ！

サーモン料理

フィンランドのサーモンは脂がのっていて、ほんとうにおいしい！

トナカイの肉

マッシュポテトとベリーソースに合わせて食べることが多いです。

サルミアッキ

サルミアッキが大好きなフィンランド人。サルミアッキ味のお菓子、ケーキ、お酒、なんでもありです。

マッカラ

ソーセージのこと。焚き火で焼くマッカラは最高においしい。特にサウナ上がり！

カレリアパイ

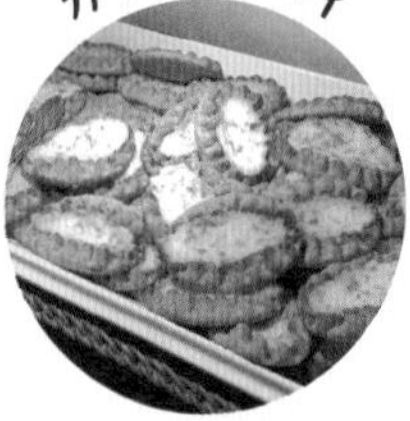

フィンランドの国民食。お米、じゃがいも、卵などが中に入っています。

ライ麦パン

黒いパン。酸っぱいテイストでスープとの相性抜群。

コーヒー

コーヒー消費大国のコーヒーはやっぱりおいしい。浅～中煎りがフィンランドテイスト。

レイパユースト

独特な食感の焼きチーズ。クラウドベリーのソースと一緒にいただきます。

©VISIT FINLAND

シナモンロール

シナモンロールはお店や作る人によってそれぞれ個性でます。食べ比べしてみましょう。

CHAPTER

1

フィンランドへ行ってみよう

「フィンランドってなんか素敵」と思ったら、もう思い切って行ってほしいんです！ その思いを込めて、この章では、どんな国で、どんな人たちがいて、どんな準備が必要かなどをわたし目線の基礎知識で解説します。

LET'S GO TO FINLAND !

なんか悔しかったから出会ったフィンランド

岩田リョウコと申します。

アメリカ・シアトル在住中の2012年にコーヒーのトリビアをイラストで説明するサイトをはじめました。

月間ページビューは150万!

いろいろなコーヒートリビアを調べていくうちに、フィンランドが世界一のコーヒー消費国だと知り、それがフィンランドという国に本格的に興味を持ちはじめたきっかけとなりました。

年間1人あたり12キロ!?

し、しらなかった……

シアトルが一番だと思ってたのに
どんだけコーヒー飲むのよ、フィンランド
くぅー気になる

シアトル以上にコーヒー好きなフィンランドという国の存在が気になって気になって、ついに……。

そうだ
フィンランドへ
行こう！

こうして、
なんだか悔しいから
見に行ってやろうじゃないかと
行くことにしたわけですが、

フィンランドの魅力に
どっぷりハマる
ことになるとは、
このときはつゆ知らず。

行くたびに新しい魅力の発見がある
「地球上で一番幸せな国」フィンランド

SAUNA　FOREST　LAKE

心とカラダの
ごきげん
とってあげましょ

サウナと森と湖が
教えてくれた
素直な生き方と
心と身体の癒し方。

週末フィンランド旅、
行ってみましょう。
また明日から
がんばれるように。

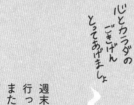

（フィンランドってどんな国？）

日本から一番近いヨーロッパ

飛行機で約9時間ちょっと!!

「フィンランド」と聞いてパッと頭に浮かぶものってなんでしょう。やっぱりムーミンとかマリメッコですか？　でもじつはもっといろいろあるんですよ、本当は。わたしも最初はムーミン、マリメッコ、コーヒーくらいしか知らずにフィンランドに旅行したのですが、年に数回訪れるようになった今でも、毎回新しい発見があります。まずはフィンランドはどんな特徴がある国なのか、見ていきましょう。

MIDNIGHT SUN & POLAR NIGHT

NOTHERN LIGHTS

オーロラが見える

ハイシーズンは12月から3月ですが、白夜の時期以外は1年中見るチャンスがあります。

白夜と極夜がある

夏はヘルシンキでも日が落ちるのは23時すぎ。イベントも多く、夜までたっぷり遊べます。

LAKE

湖の数はなんと188,000

フィンランドの国旗に描かれるブルーは、空と湖を表していると言われています。

国土面積は日本とほぼ同じ

それでいて、人口は日本のたった4.6%。人口密度の低さや生活のゆったり度はピカイチ。

SANTA CLAUS

本物のサンタクロースがいる

北極圏に近いサンタクロース村では1年中サンタに会えます。ヘルシンキからは飛行機で。

人口は550万人（北海道とほぼ同じ）

首都であり最大の都市・ヘルシンキでも人口は65万人と日本の地方都市に近い規模です。

国土の7割以上が森

森林面積率世界1位。木を1本伐採したら5本の苗を植える規定があるというから驚き。

FOREST

公用語はフィンランド語（91.5%）**とスウェーデン語**（5.5%）

標識などは2ヵ国語表記。とはいえ、ほとんどの人が英語を話せるので、何かと安心です。

SAUNA

サウナの数は300万個以上

サウナ大国のフィンランドは人口550万に対してサウナの数が300万と言われています。

日本との時差は－7時間（夏は－6時間）

サマータイムは3月の最終日曜から10月最終日曜まで。飛行機の乗り換えに注意が必要。

HELSINKI

首都はヘルシンキ

こぢんまりしていておさんぽに最適なサイズ感。マリメッコなど北欧雑貨探しも楽しい！

森と湖の国

FINLAND

国旗の白は雪を青は空と湖を表しているそう

伝わる旅の英語フレーズ　もう一度言ってください。 Could you say that again?（クッジュー　セイザッ　アゲイン？）

ざっくりした国の印象を知る

いろいろなランキングの常連さん

- お母さんに優しい国 1位(2018) ちなみに日本は32位
- コーヒー個人消費量 1位(2019)
- 安全な国 1位(2018) ちなみに日本は10位
- 国民の幸福度 1位(2019) ちなみに日本は59位
- 人類への貢献度 1位(2019)
- 世界最年少女性首相(サンナ・マリン氏／2019)
- 読書量 1位
- 図書館利用率 1位
- 国民1人当たりのヘビーメタルのバンド数 世界最多(2016)

フィンランドのトリビア

やはりコーヒーは大切

フィンランドの労働条件にはコーヒー休息が含まれています。一旦仕事から離れて休むことで効率性が高まったり、仕事仲間とのコミュニケーションの場にもなったりするんでしょうね。

みんなの森

森の中へは所有者に許可を得ることなく誰でも入ることができる「自然享受権」があり、ベリーやきのこを摘んでも大丈夫なんです。フィンランド人は自分たちが森から来た人たちだと思っていると聞いたことがありますし、中学生が最初にデートをするのも森だったりするんですって。かわいい！

奥さん運び世界選手権大会

だんなさんが奥さんを担いで運ぶ選手権で、優勝者には奥さんの体重分のビールが贈られるそうです。

ほかにも不思議な選手権がいっぱい

「サウナ温め選手権」「携帯電話投げ選手権」「蚊たたき選手権」「エアギター選手権」「ヘヴィメタル編み物選手権」など変わった選手権を大真面目にやっています。

フィンランドを一言で言うと……

「大人な国」

フィンランド大使館商務部
ファッション・ライフスタイル担当
ラウラ・コピロウさん

3度の日本留学と日本企業勤務の経験があり、現在はフィンランド企業の日本進出の手助けや、フィンランドのファッションやライフスタイルを日本で広める活動を行う。サウナは日課。趣味は、パフェ巡りとランニング。

これは以前、フィンランドのことをよく知っている日本人が言っていたことで、わたしはとても共感しました。フィンランド人は「かわいい〜！」とか「おいしい〜！」とおおげさに言わず、静かで大人っぽいリアクションをする人たちです。そして、まじめな暮らしを重要視していて、たとえば食育も徹底されているので、自らサラダを食べたがるなど、健康的な生活をしようと心がけている人が多いです。

そんなフィンランド人がちょっとはしゃいでしまうのが春の訪れ。長くて暗い冬が終わると「地球だいすき！」とパーッと明るくなりますし、フィンランド人が一番恋に落ちやすいのも春です。フィンランドでは「胸に春がある」という表現があるのですが、それはすぐ恋に落ちてしまう人のこと。フィンランド人が春を待ちわびて、キラキラした夏を十分楽しめるのは、つらい冬があってこそのこと。冬は長くて家で過ごす時間も長いので、インテリアを大事にしています。マリメッコのように夏を思い出す自然をモチーフにしたデザインが生まれたと言われています。フィンランド人は、季節に合った生活のしかたを知っているし、休み方も上手です。

太陽が出ていて、ごはんがおいしくて、仲間がいてしあわせ！と基本的なことをめいっぱい楽しめるから幸せなんです。

伝わる旅の英語フレーズ　それは英語でなんと言いますか？ How do you say that in English?（ハウドゥーユー

シャイで控えめ、でも温かい人たち

シャイだけど
とっても「心」のある人たち

「内向的なフィンランド人は
自分の靴を見ながら他人と話す。
社交的なフィンランド人は
相手の靴を見ながら話す」

……ってめちゃめちゃシャイじゃないかっ！　これはフィンランド人が自分たちを表現するときの自虐ジョークらしいのですが、なんだかかわいらしいですよね。だって、全然差がないんだもん……。『マッティは今日も憂鬱』というフィンランド人の性格あるあるを紹介している本を初めて読んだとき、「わかる～」と思うことが多かったです。フィンランド人と日本人は性格が似ていると言われるようで、たしかに一緒にいて心地いいと感じます。心が温かくて、こちらが義理に感じない程度の絶妙なおもてなしや気遣いができる印象。フィンランドで出会った友人は、来日するときは必ずお土産を持ってきてくれますし（しかもわたしが好きなものを覚えていてくれる）、わたしがフィンランドへ行って会うときもお土産をくれます。日本の手土産文化と一緒なのかなぁと思っています。

わたしはアメリカに長く住んでいたこともあって、とにかく沈黙がイヤで「スモールトーク（世間話）」をするクセがついていました。でもフィンランドでサウナに入るようになって、沈黙や静寂のありがたさも知りました。フィンランド人は、黙っていてもそれはそれでいい、という空気感を知っている気がします。それがまた心地よく感じる理由のひとつなのかもしれません。

フィンランド人を
一言で言うと……
「善人」

達人に聞いてみよう！

（株）ForesightMarketing
CEO
能登重好さん

フィンランド政府観光局局長として27年にわたり、旅行を中心としたフィンランドプロモーションの陣頭指揮を執る。フィンランドでのおすすめの過ごし方は「暮らすように旅すること」。

フィンランド人は性善説の人たちなんです。相手が良からぬことをするんじゃないかという考えがあまりなく、常識でやっていいことと、悪いことをみんなわかっている。だから日本のように「ここで〇〇しないでください」などの張り紙がないんです。

フィンランドのものは基本シンプル。なので説明がいらないし、どんなことでも常識で考えればわかることだろうという前提があるからです。だから基本的にみんな親切で温かい。タクシーの運転手さんやバスの運転手さんなど、空港に着いてすぐにコミュニケーションをとる人たちが優しいので、フィンランドは不思議と緊張しない、かしこまらなくていい雰囲気があるのかもしれません。

また、小さいころから「人と違っていてもいい」という教育を受けていて、たとえば小学校で自分の作品を発表するときも、ほかの人と一緒じゃなくていい、自分がいいと思ったことの説明ができることが大切だと教えられます。だから外国人の私たちがいても、特に異質なものとして見ることもしないのかもしれません。

街の雰囲気にも余裕があります。それはフィンランド人に余裕があるからじゃないかと思っています。フィンランドにはふたつの度数があって、ひとつ目は「気持ちがいい度」が高いこと。人々が温かい。もうひとつは「わたしの街度」が高い。何日かいるだけで不思議と自分の街になってしまうんです。だからフィンランドは気持ちがいいんですよね。

海外旅行特有の緊張もないし、
スッとなじめる気が
していたのは、
フィンランド人の
気質のおかげだった！

伝わる旅の英語フレーズ　書いてもらえますか？ Could you write it down?（クッジュー　ライイッ　ダウン?）

どんな季節に行くのがベスト?

やりたいことによって時期を選ぼう

季節が変わるとまったく違った顔を見せるのがフィンランド。四季がはっきりしているのも日本に似ています。不思議なことに、わたしがフィンランドへ行くとき、秋〜冬になることが多く、はじめて夏に行ったときは、ちがう国へ来たのかと思うくらい、印象がちがいました。

どの季節も
それぞれ美しい

SPRING
花がキレイ！　春オーロラ

暗く長い冬がやっとおわって草木が芽吹き、日が長くなり始めます。とはいえ、まだかなり肌寒いのがフィンランドの春。そして3月から4月頭まではオーロラが見やすいと言われる時期です。でも春はあっという間に過ぎてしまいます。

SUMMER
白夜とベリーときのこ狩り

フィンランド人の「太陽を最大限に楽しみたい」という意気ごみをバシバシ感じる季節。公園のベンチや芝生に座っておしゃべりしたり、本を読んだり、とにかく外にいます。ヘルシンキでも日が沈むのは22時ごろ。もっと北へ行くと、ずっと太陽が出ている白夜を経験できます。

FALL
見やすいシーズン!?　秋オーロラ

オーロラは冬のイメージがありますが、じつは春と秋が一番活発な時期。特に冬になると天気が悪くなるので、たとえオーロラが発生していても雲に隠れて見えないことが多いのですが、秋の天気がよいうちはオーロラが見られる確率が高めです。

WINTER
クリスマス、サンタ、アイススイミング

寒くて暗くて長い。だからこそ冬の楽しみ方をフィンランド人は知っています。マリメッコに花や明るい色のデザインが多いのは、暗い家の中を少しでも明るく、という思いから。凍った湖に穴を開けて入るアイススイミングは「生きてる！」と感じられるエクストリームなアクティビティです。

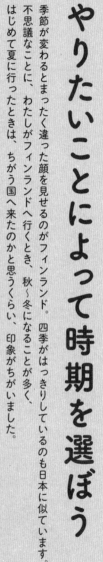

行くたびに深みにハマる国

（何度、行っても新しい発見！）

はじめてのフィンランドは「ヘルシンキから」が王道です。わたしもヘルシンキからはじまり、だんだん範囲を広げていきました。今回はわたしが旅で行ったところをベースにして紹介していきたいと思います。

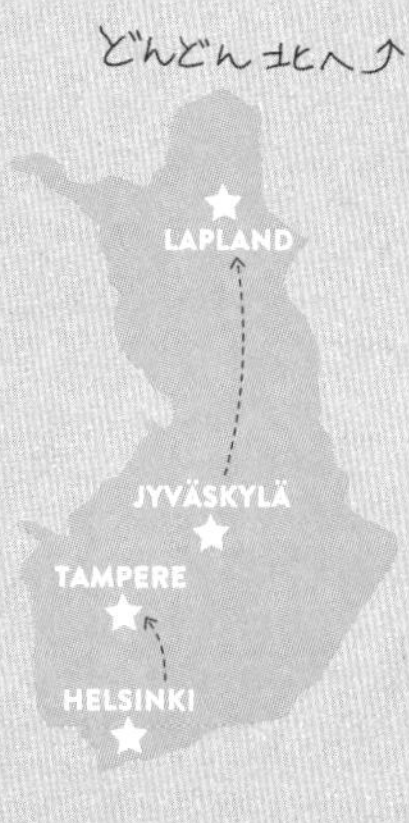

1度目の旅　ヘルシンキ HELSINKI

まずはヘルシンキ市内を歩いて散策、慣れたら公共交通機関も使って遠出。

シンボルの大聖堂

ヘルシンキ中央駅

2度目の旅　ヘルシンキ＋α HELSINKI+

やはりヘルシンキは外せません。もう一度行きたいところへ行ってから、残りは好きなことを少し深掘り。

最新サウナ・LÖYLY

森と湖とサウナ

3度目の旅　タンペレ＋ユヴァスキュラ TAMPERE+JYVÄSKYLÄ

タンペレは一番公共サウナの数が多い街。ユヴァスキュラはアルヴァ・アアルトと深いかかわりが。

湖水地方のタンペレ

アアルト博物館

4度目の旅　ラップランド LAPLAND

フィンランドの北部ラップランド地方。その中でも一番北の街イナリへ、オーロラを見るためだけの旅。

特大のオーロラ

イグルーサウナ

伝わる旅の英語フレーズ　コーヒーをいただけますか？ Could I get a coffee?（クダイ　ゲッ　ア　コーヒー？）

（想像とワクワクがふくらむ）

いざ！ 旅行の計画・準備を！

基本、個人で航空券やホテルを予約します。自分で行くのがむずかしいところなどは現地ツアーで参加。日程や値段が合う航空券を探したり、口コミを見ながらホテルを探すのも、楽しみのひとつ。でも航空券・ホテルだけ設定されているツアーのほうが別々に予約するよりお値打ちだったりするときもあるので、くらべてみてください。

AIR TICKET
航空券

仕事終わりに
空港へ

機内はマリメッコ天国！

フィンランド行きの飛行機はやはりフィンエアーがおすすめです。機内に足を踏み入れるや否や、どっぷりフィンランド気分になれます。

まずは枕やブランケットがマリメッコ。そして機内食のコップやナプキンもマリメッコ。ビジネスクラスやエコノミープラスに乗るともらえるポーチもマリメッコ。フィンエアーさん、マリメッコ狂ですね！ こちらは嬉しい限りですけど。

仕事の後の深夜便がおすすめ！

仕事が終わったらスーツケースを持って空港へ。そして寝ている間にフィンランドに到着！ という働く女性にピッタリの深夜便がフィンエアーにはあります。わたしも深夜便でフィンランドへ行ったことがあるのですが「夜中の便だと食事ってどうなるのだろう？」なんて思っていたら、乗ってすぐに出てきた機内食は、とても気遣いのある五目ごはんのお弁当。トレーではなくお弁当箱で出てくるので、寝ている人にも配られ、起きたタイミングで食べられます。すばらしいですね。朝6時ごろヘルシンキに到着。早朝のヘルシンキは大変気持ちがよく、カフェで朝ごはんからスタートを切れるのでお得な気分でした。

マリメッコの枕

深夜1時半の出発

寝てる間に
ヘルシンキ着！

HOTEL
ホテル

寝るだけじゃ
もったいない

何を重視するかで選ぶ

フィンランドへ行く大きな目的がサウナであるわたしにとって、サウナがホテルにあるかどうかは重要です。サウナが部屋についているのか、共用なのかを調べることからはじめます。フィンランドのホテルは、ほとんど朝ごはんつきなので、口コミサイトなどで朝ごはんの写真をチェックするのも、わたしのホテル選びの作業のひとつ。

ベッドが大きいとか、大通りに面しているとか、北欧デザインのインテリアがいいとか、何を重視するかでホテル選びをすると滞在中も楽しめます。もちろん値段も重要ですが……。ヘルシンキの場合、中心部ならどこでも歩いて行けてしまうので、場所はそこまで重要じゃないかもしれません。

イグルーでオーロラ

大きいベッドの部屋

個人宅泊もたのしい～

TOUR
ツアー

自分では行けないところは任せちゃう

海外旅行で、行ったはいいけど、よくわかんなかったなぁで終わるのはもったいない。知ってから行ったり現地で説明を受けながら見るというのは「行く」経験に「学ぶ・知る」が加わり、いつまでも印象に残ったり、他の人に自分の意見を持っておすすめすることだってできますしね。そして学ぶ・知ることによって、思いもしなかった新しい興味や趣味が生まれることもあるかもしれない。

「山奥のオーロラ観賞」「犬ぞりなどのアクティビティ」も現地ツアーにおまかせするといいですね。

街中では見られない光景

オーロラ観測をプロと一緒に

ツアーで絶景を見に

伝わる旅の英語フレーズ　写真を撮っていただけますか？ Could you take a picture of me?（クッジュー　テイク

四季はあるけど日本とだいぶ違う気候

どんな服で行ったらいい？

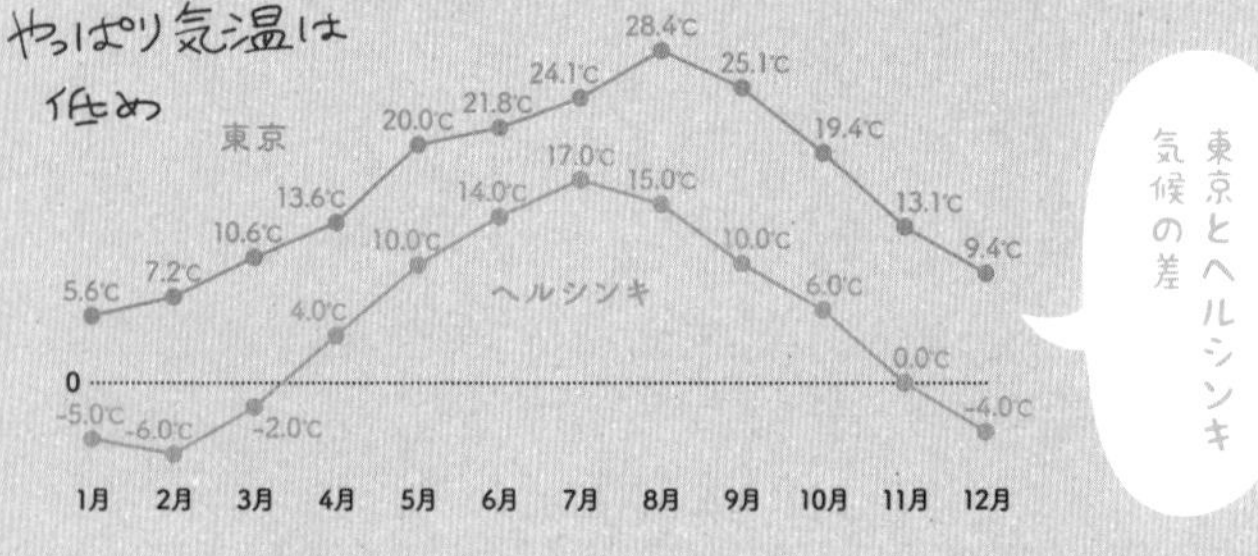

お金はどうする？

現金は？カードは？

フィンランドはほとんどすべてクレジットカードで支払いが済んでしまうので、最近では現金を一切持たなくなりましたが、一度も困ったことはありません。これまでに現金（フィンランドの通貨はユーロ）が必要だった場面は、おそらく駅のロッカーに荷物を預けるときだけ。念のため現金を持っていく場合は、金券ショップでユーロを買うのがおすすめ。銀行や外貨両替所などよりも手数料が低く、レートもお得です。

WINTER
FALL
重要！
耳が隠れる
帽子
下着は長袖の
ヒートテック
中はセーター
手袋も必須
分厚い靴下
滑らないブーツ
コートは
腰が隠れる
長いものが◎
カイロをポケットに
入れたり腰に貼ると
暖かい
夜は冷えるので
大きめの
マフラーなど、
もう一段階の
防寒を
中も長袖
脱ぎ着が簡単な
フリースなど

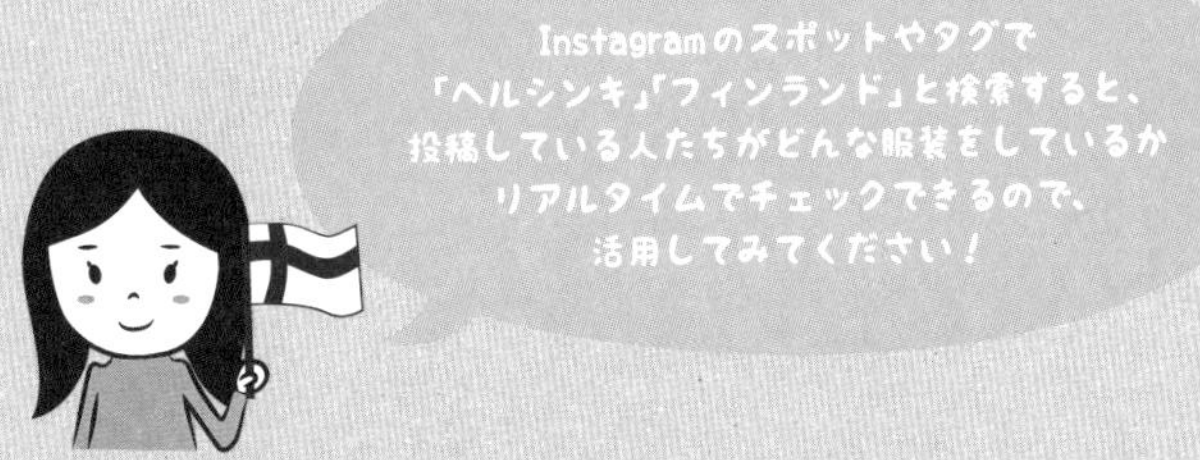
Instagramのスポットやタグで
「ヘルシンキ」「フィンランド」と検索すると、
投稿している人たちがどんな服装をしているか
リアルタイムでチェックできるので、
活用してみてください！

石畳に注意
スーツケースの車輪が壊れる

この前、ヘルシンキのホテルから駅へと歩いていて「何かがひっかかる。歩きにくい……」と思ってスーツケースを見てみると、車輪の1つが完全に破壊されていました！ヘルシンキの街は石畳が多く、スーツケースを引っぱって歩くとガタガタと音を立てるので心配してはいたんですが、ついに壊れてしまいました。特に重い荷物を詰めての石畳は車輪が壊れる危険性ありなので、注意してくださいね。

伝わる旅の英語フレーズ　このバスはヘルシンキ行きですか？ Does this bus go to Helsinki?（ダズ　ディス　バ

いい時代になった!

テクノロジーを使いこなそう

旅行先でスマホが道案内から同時通訳までしてくれる便利な世の中になりました。だからこそインターネットが使えないと死活問題。ネットの確保だけはしっかりして快適な旅にしましょう。

WIFI

WiFiルーター

着いたらすぐ使えて便利

フィンランドは無料WiFiの普及率が日本にくらべて高いので、常時ネットが必要ということでなければ、どこかで拾えます。でも日本からWiFiルーターを借りて行くと着陸後すぐに使えるから安心ですよね。

SIM CARD

SIMカード

超お得なフィンランドのSIM

わたしはネットがないとパニックになってしまうネットっ子なので、いつも日本からWiFiルーターを借りて行っていたのですが、あるとき友人に教えてもらったのがフィンランドのSIMカードのこと。なんと5日間データ使い放題で、フィンランドの電話番号までもらえて、たった5ユーロ。それまで日本でWiFiルーターを5日間で6000円ほどで借りていたので、最初は「それホントにホントなの?」と疑っていましたが、ホントでした。

現地SIMがお得!

スマホがSIMフリーであれば、空港でこのSIMカードを買って日本のSIMと入れ替えるだけで完了。

※1ユーロ=約120円
(2020年1月現在)

APPS
お役立ちアプリ

....

地図

Googleマップ

鉄板の定番、Googleマップ。渡航前に行きたい場所などにスターをつけておいて旅の計画を立てるのにも便利ですね。

地図

Maps.Me

Googleマップとほぼ同じような地図アプリですが、オフラインで使えるという海外旅行にはピッタリのアプリ。

交通

HSL

ヘルシンキ交通局公式アプリ。アプリ内で目的地を選び支払いまで完結。電車やバスで画面を見せるだけでOK。

交通

Whim

公共交通機関、タクシー、カーシェア、ライドシェア、レンタルサイクルとフィンランドのあらゆる移動方法を表示。

翻訳

Google翻訳

テキスト入力や音声入力の他に強力な味方となるのが写真からの翻訳で、買い物中やレストランなどで手間が省けます。

カメラ

夜撮カメラ4

スマホのカメラは性能がかなりいいのですが、夜景やオーロラを撮る際はこのアプリがあるとより綺麗に撮れます。

レストラン

Yelp

日本の食べログみたいなアプリです。フィンランドをはじめ世界中の口コミレビューや星の数を見られます。

通貨

Currency +

「日本円でいくらだろう？」というときに確かめられるので、帰ってきて明細を見てびっくりということを防げるかも？

オーロラ

Aurora

オーロラを見に行く方は自分が行く場所を設定しておくと、その場所のオーロラ出現率や予報を見ることができます。

事前に日本でダウンロードして入れておこう！

便利なアプリがたくさん

伝わる旅の英語フレーズ　中央駅へはどう行ったらいいですか？ How can I get to the central station?（ハウ

何を持って行こう？

準備から旅は始まる!?

週末＋1、2日のショートトリップなので、ロスなく時間を使って、最小限のもので快適に過ごしたいですよね。使い慣れたものを持って行ったほうが絶対にいいです。特に冬の防寒具はしっかり持って行ってください！

PASSPORT

パスポートさえあれば何とかなる!!

日本のパスポートなら、入国時に出国予定日より有効期限が3ヵ月以上残っていればOK。

MEDICINE

外国の薬は強いので

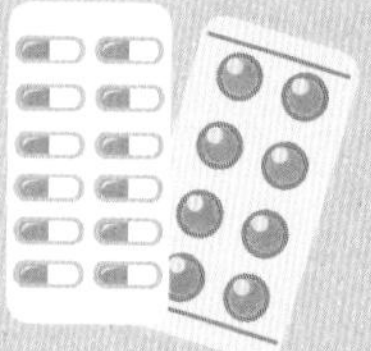

旅先での病院は避けたい！　個人的には痛みや発熱に効くロキソニンと酔い止めが必須。

SMARTPHONE

スマホ⇨旅のナビゲーター

フィンランドは、電車もアプリで乗るほどのスマホ社会。もはや現金より大事かも（笑）。

パスポートがあれば

思い出すのも辛い悪夢のパスポート事件

はじめて春のフィンランドへ行くことになり、ワクワクしながら空港へ向かっていました。しかもはじめての深夜便。早朝にヘルシンキに着いたらすぐにサウナへ直行できるように水着やビーチサンダルは手荷物に入れて、いざ関西国際空港でチェックイン。

「お客様、パスポートが2日前に切れているようなのですが……」

WARM CLOTHING

フィンランドの冬はとにかく寒い！

夏でも夜は寒いので羽織りものは必須。冬はとにかく寒いので防寒着はしっかり準備しよう。革製品はひびが入るのでNG。

BATHING SUIT

サウナへ行くなら必ず

サウナ体験に水着は必須。短パンとスポブラのようなものでもOK。タオルはレンタルできます。

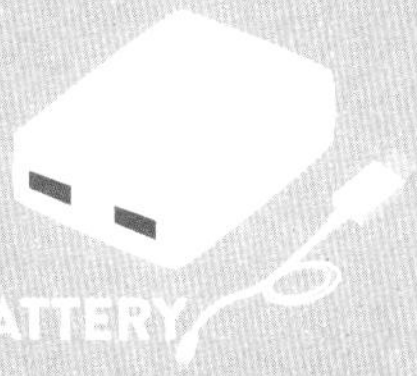

CONVERSION PLUG

変換プラグはマスト！

スマホやパソコンの充電にはプラグが必要。丸2ピンのCタイプを用意していこう。

MOBILE BATTERY

充電切れ対策

地図アプリを使うと、電池の減りも早い。多少重くても、容量が大きいものが安心です。

チェックインのスタッフさんが困り顔でこちらを見ている。この人は何を言っているんだろう？　意味がわからない。

スタッフの方は申し訳なさそうに、わたしのパスポートにある「有効期間満了日」をきれいに塗られた赤のネイルで指していました。今日の日付は4月12日。そこに書かれていた日にちは10 April 2019。きれいな赤のおかげでどこを見るかはすぐわかったけれど、その日にちが「有効期限切れのパスポートだからフィンランドへは渡航できない」という意味だとわかるまで、40秒くらいはかかったかもしれない。わたしの「ウソ

備えあれば憂いなし

あったら便利かも!?グッズ

BUBBLE WRAP

食器を買うなら

フィンランドではどうしても買いたい食器に出会ってしまうことがあるので、プチプチを持って行くと安心！

FOLDABLE BAG

おみやげ用に

帰りはどうしてもお土産で荷物が増えてしまうので、おりたたみバッグがあると預け荷物にもできます。

FEBREZE

ニオイすっきり

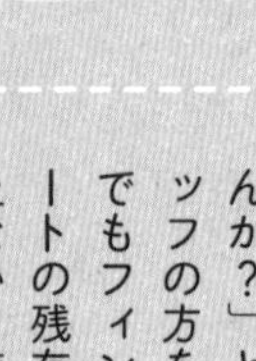

洗濯ができない場合やにおいが付いてしまってもファブリーズがあれば大丈夫！　シワ伸ばしスプレーもファブリーズと合わせて持っていくと便利かも。

LAUNDRY DETERGENT & CLOTHING PINS

洗濯して着まわし

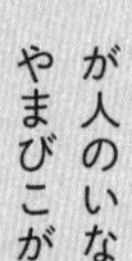

洗濯バサミがあればホテルの中で干せますし、下着やサウナの後の水着を洗ったりできます。

ダーーーッ！！！」の絶叫が人のいない深夜の空港に、やまびこが返ってくるんじゃないかと思うくらい大きく響き渡りました。

そう、パスポートが切れていたのです。２日前、惜しい！　と思いました？　わたしもパニックの中、そう思いました。「２日なんだから、どうにかなりませんか？」とも言って、スタッフの方を困らせました。でもフィンランドはパスポートの残存期間が３ヵ月以上ないと渡航させてもらえないんです。惜しくもなんともない、完全なるアウトでした。

その日はショックのあまり空港から出られず、空港

TRAVEL ACCESSORIES
リラックス空間づくり

週末の弾丸旅行ゆえ、疲れが残らないよう旅を快適に過ごすグッズを揃えていきましょう。

HEADPHONES
機内のノイズ対策にも

飛行機のイヤホンは耳が痛くなってしまうので自分がいつも使っているヘッドホンがあるといいかも。特にノイズキャンセリングが◎

COFFEE & TEA
ほっと一息リラックス

ホテルに日本茶やコーヒーが置いてない場合もあるので、自分がホッとできる飲みものがあるといいリラックスに。

MISO SOUP
やっぱり恋しくなっちゃう!?

たった数日のフィンランド旅行ですが、フリーズドライのみそ汁を持っておくと時差ぼけでお腹が空いたときなどに嬉しいかも？

内のホテルで宿泊。翌日も空港から出ると現実を受け入れなければいけない気がして、1日中空港でスーツケースを持ったままなぜかブラブラしていました……。

みなさん、パスポートを忘れないようにと気をつけているかもしれませんが、パスポートの期限、必ずチェックしてください。3ヵ月以上の残存期間ですよ、よろしくお願いします！

伝わる旅の英語フレーズ　チェックインお願いします。 I'd like to check in.（アイド　ライク　トゥ　チェックイン）

フィンランドはいらぬ心配をしなくていい国

フィンランドは「外国」だし、言語も文化も違う。フィンランド人と日本人の見た目もずいぶん違う。なのに緊張しないのは、安心、安全、清潔、が大きな理由だと思います。

安心
WORRY-FREE

安心できる空気感

はじめて行く人に言うのが「フィンランドは安心で心配しなくていい国」。帰国後に「言ってた意味、わかった」とよく言われます。警戒心を持つ必要がないことが、不思議と空港に着いたときからの空気で感じられるんです。何かあれば誰かが助けてくれるし、助けてくれる人たちを信頼していいことを本能で感じられるんですよね。でもこの感覚は文章で書いても説得力があまりない気がしていて……ぜひ旅へ出かけて、「言ってた意味わかりました！」とご報告いただきたいです。ニンマリしちゃいますので。

安全
WORRY-FREE

危険とは、ほど遠い国

海外旅行中、夜道やホテルへの帰り道で筋肉がギュッと硬くなる緊張、感じたことあると思います。でも不思議とフィンランドにはそれがありません。もちろん犯罪や危険がゼロではありませんが、四六時中、緊張していなくてはいけない旅先ではないのです。フィンランドの人たちが席をとるのにカバンをテーブルに置いているのを見て、「安全な国なんだな」と思いますし、ヘルシンキで行われた財布を落とす実験で12個中11個が戻ってきたというので、やはりかなり安全な国です。

マイ　ラゲッジ?）

清潔
CLEAN

ゴミ捨ての徹底

デザインがシンプルということもありますが、とにかくゴチャゴチャしていないし、清潔です。道にゴミが散乱しているのは見たことがないし、ゴミ箱が至る所にあって「ゴミはゴミ箱へ」という常識を持っているのできれいです。公共交通機関でも変なニオイがしたり、汚かったりしないし、長距離列車では各席にゴミ袋が設置されています。あとは、ペットボトルや空き缶をスーパーにリサイクルで持っていくとお金がもらえるので、それも街が清潔に保たれている理由のひとつかもしれませんね。

「女性の一人旅でも安心できる国」

能登重好さん

フィンランドはきれいで清潔な国ですね。たとえばホテルの値段が高い安いに関係なく部屋はシンプルできれい。そして街中は、大きすぎず小さすぎず、公共交通機関でほぼどこでも行けますし、近寄らないほうがいいエリアもほとんどないです。日本人旅行者は、女性の一人旅が多いと思います。何かを見に行くのではなく、体験し、感じに行くのがフィンランドなんです。

フィンランド人は根がいい人ばかりなので、タブーはないですが、ひとつだけありました。それは「誘われたサウナを断ること」ですね（笑）。

日本人とフィンランド人は、ルーツが同じ!?

（不思議なつながり）

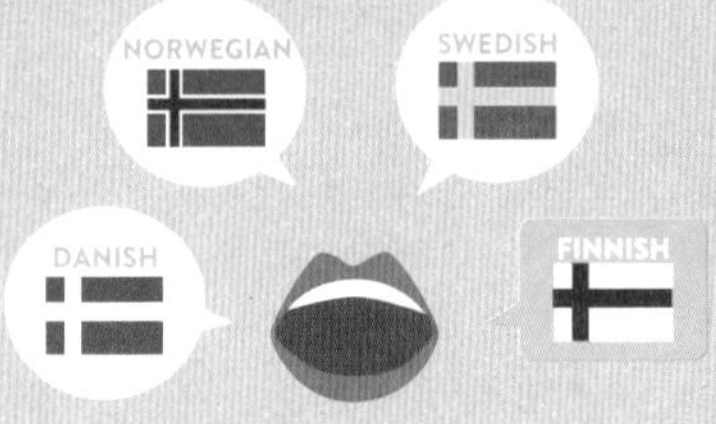

まだフィンランドに行ったこともなかったずっと昔に不思議な話を聞きました。北欧4ヵ国で、なぜかフィンランドだけ、言語が日本語と同じ文法で、さらにはフィンランド人には日本人と同じ蒙古《もうこ》斑《はん》があると。当時大学生だったわたしは「いや、それって日本とフィンランドが昔つながってた証拠でしょ」と思っていました。そう勝手に結びつけてからは、行ったこともない遠くの国フィンランドに親近感を持ちました。しかもたぶんフィンランドという言葉が出るたびに「日本とフィンランドつながっていた説」を話していたと思います（笑）。ここ数年でよくフィンランドへ行くようになり、あのとき聞いたことが本当かどうか調べると、確かにノルウェー語、デンマーク語、スウェーデン語は英語と同じゲルマン語派（主語、動詞、述語の順）ですが、フィンランド語はウラル語という全然違う言語派に属しています。日本語文法に近いですが少し違いますね。ここでひとつ崩れました！

次は蒙古斑。調べるとどこにもそんなことは書いてなくて事実確認できず！　でも勘違いとはいえ20年以上も持っていた親近感。このままキープしておきます！

CHAPTER

2

はじめてのフィンランド

最初は首都のヘルシンキへ。まずはフライトの選び方、機内での過ごし方や、イミグレのアドバイスから。そして一緒に旅するようにヘルシンキの見所とおいしいカフェ・グルメ情報、おすすめサウナも紹介します！

HELSINKI

週末からの旅、どんなプランにする？

フィンエアーなら、全国6都市からの就航（札幌、羽田、成田、名古屋、関空、福岡は夏期のみ）、フライト時間は最短最速の9時間30分。乗り換え時間が短く、各都市への乗り継ぎ便としても便利。

飛行機の時間と旅行の組み立てかた

おすすめプラン①
深夜便で時間をフル活用

◎しっかり滞在時間がとれる
◎時差ボケが少ない

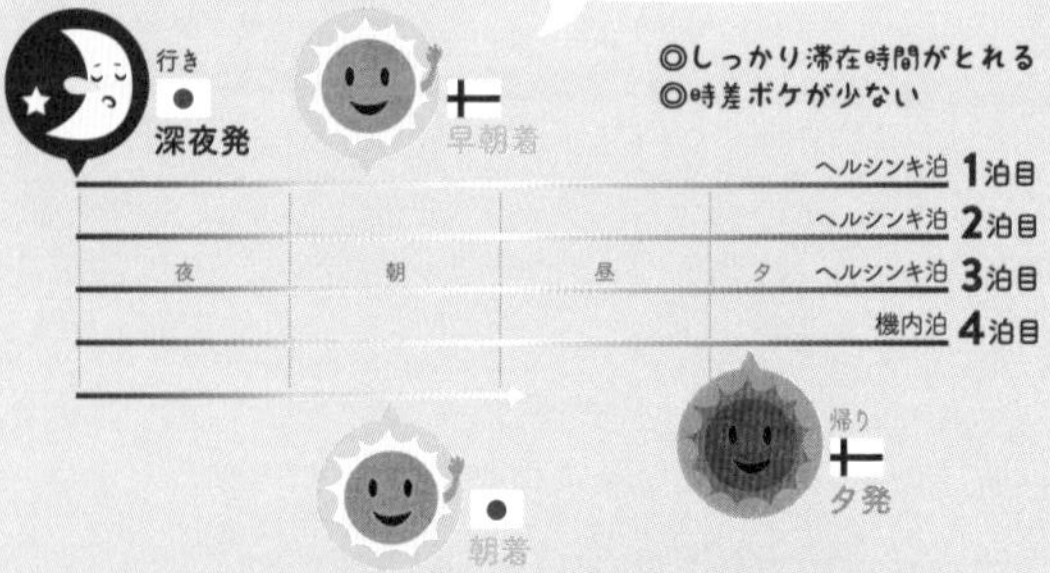

3連休＋平日1日

木曜の夜、仕事後に空港・深夜便へ。金曜は仕事を休み、早朝にヘルシンキ着。フィンランドを土日月で満喫、月曜の夕方便で火曜の朝に帰国後、出勤。

平日2日＋週末

水曜の夜、仕事後に空港・深夜便へ。木・金は仕事を休み、週末はフィンランドで過ごし、日曜の夕方便で月曜の朝に帰国後、午後から出勤。

※深夜便は羽田通年、関空は夏期のみ。

おすすめプラン②
朝便で無理ないスタート

◎休みがとりやすい人向け
◎初日はゆっくり

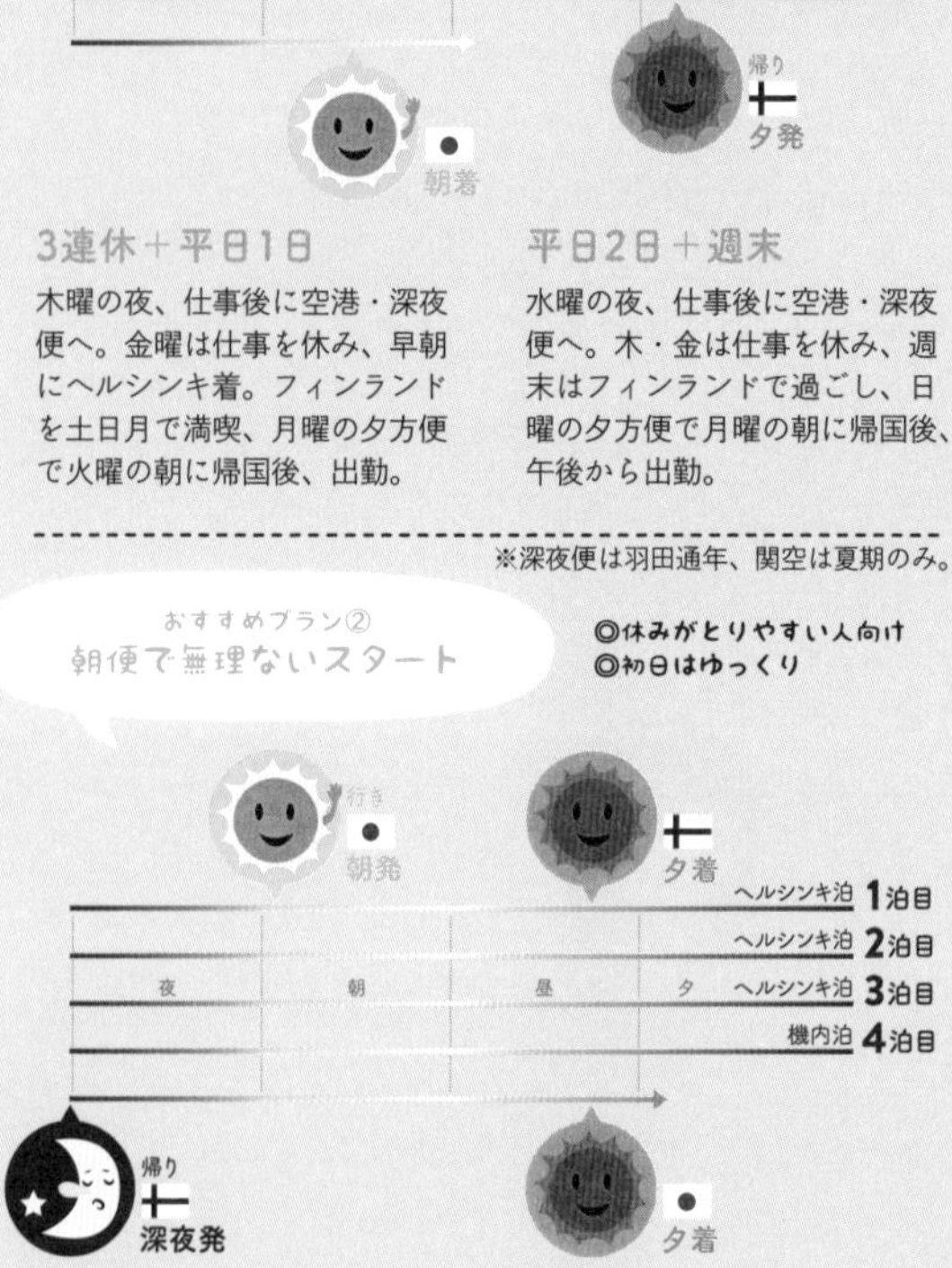

3連休＋平日2日

金曜は仕事を休み、朝便で金曜午後ヘルシンキ着。土、日、月曜の夜までフィンランドを満喫して出発。火曜夕方に帰国して水曜から仕事。

週末＋平日3日

金曜は仕事を休み、朝便で金曜午後ヘルシンキ着。同じように週末と月曜の夜までフィンランドで過ごし、深夜便で、火曜夕方帰国。水曜から平常運転。

羽田の深夜便は通年で毎日飛んでいますが、関西は夏期のみ運航なのでフィンエアーのサイトでフライト情報をチェックして旅行の計画を立てましょう。
フィンエアー公式→ http://www.finnair.com/jp-ja

達人に聞いてみよう!

フィンエアー　北野憲さん

フィンエアー大阪支店旅客営業部。サウナが好きすぎて社内で「サウナ王子」と呼ばれる。フィンランドサウナアンバサダーとしても活動中。

いろいろ
おしえて
ください!

深夜便のメリットは?

遠方からでもお仕事が終わってから出発できます。日本時間の深夜出発だとヘルシンキには早朝到着。飛行機に乗ってすぐに就寝すれば、起きたら現地は朝。ほぼ時差ぼけナシで現地時間で行動できるのも利点です。

早朝にヘルシンキに着いたら、まずはどこへ行けばいいですか?

空港から市内に出て、ホテルに荷物を預けると、だいたい朝食の時間。カフェは朝早くからオープンしているので、まずは朝ごはんやコーヒータイムです。サウナが好きな方なら「Allas Sea Pool」が早朝からオープンするので、リフレッシュするのもオススメですね。朝ごはん後は街が動き出してくるタイミング。すぐに観光を始められます。朝イチからプランをぎっしり立てられるのは、深夜便のメリットですね。

機内での過ごし方は?

お腹がすいているときは別ですが、睡眠時間を多くとるために、あえて機内食を食べずに、歯磨き、トイレを済ませて、すぐ寝るのもよいと思います。飛行機にのると、出されたものは食べなきゃ、映画観なきゃとなりがちですが、一番大切なのは目的地に着いて、疲れなく旅行を楽しむことです。なので、機内では自分のペースで、できるだけ休むことをオススメします。

いつも飛行機で眠れません。深夜便でしっかり寝られるコツってありますか?

アイマスク、耳栓、スリッパ、ネックピローなど快眠用グッズはしっかり準備しておくといいと思います。飛行機で眠れない方は、深夜便に限らずグッズを積極的に利用し、しっかり眠りましょう。

伝わる旅の英語フレーズ　税関申告はありません。 I have nothing to declare.（アイハブ　ナッシングトゥ　ディクレア）

（いよいよ旅の始まり、飛行機に乗る）

フィンエアーの機内は、マリメッコ一色！

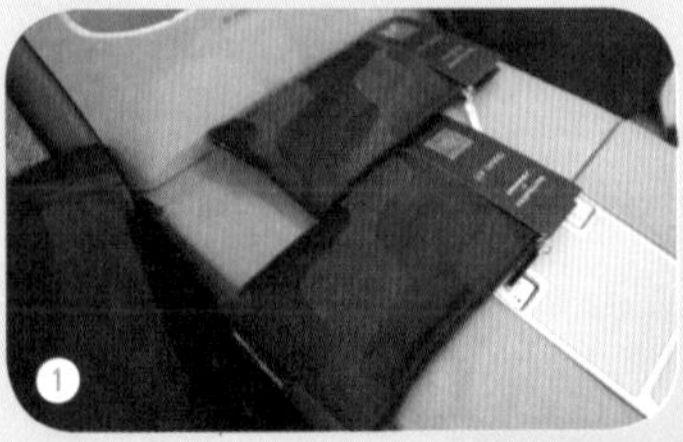

①ビジネスクラスのアメニティバッグ。大人っぽいシックなマリメッコです。②マリメッコ柄の飛行機にあたったら、ラッキーな気分になりますよね。③わたしがこれまでにもらったバッグ。④エコノミーでも枕はちゃんとマリメッコ。⑤食事のナプキンやカップもマリメッコ尽くめなんです！

フィンエアーに入ると、一気にフィンランドムードに。機内ではゆっくり休むことが大切だって教えてもらったばかりですが、ワクワクがおさえられないんですよね、こんなにマリメッコに囲まれちゃうと！

　フライトは約9時間半。映画3本、ごはん2回、ウダウダしていたらあっという間に着いちゃいます。フィンエアーが便利なのが、座席画面で機内食のメニューや免税販売などのスケジュールをあら

機内での過ごし方

とっても
快適です

※機材によっては異なる場合あり。

どういうわけかのっている飛行機を上空から見られるカメラが。これがとっても楽しい！

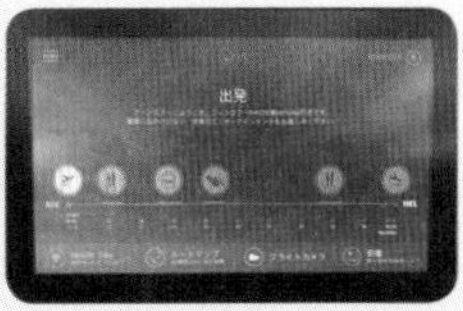
出発

スクリーンでフライト中の食事や免税販売などのスケジュールが見られます。

チキンで
行く！

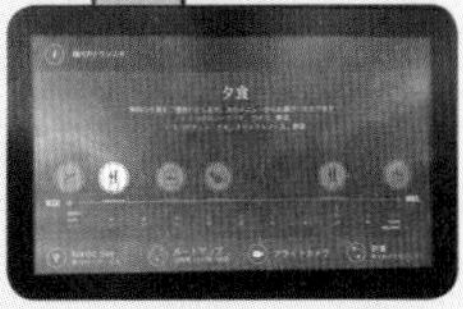
夕食

到着間際には機内がオーロラ色に。あまり気づいている人はいない感じ（笑）。

座席画面にメニューも出るので、「チキンorビーフ」にもう焦る必要もありません！

かじめ教えてくれることです。

個人的には、映画好きゆえ、一睡もせずに到着という場合が多いので、睡眠サプリのメラトニンを飲むことも。睡眠薬ではないので体がだるくなったり、翌日まで響くことがありません。

軽食

映画好きなので、ついつい寝ないで見てしまう……。映画3本と食事で、気づけば到着。

伝わる旅の英語フレーズ 4日の滞在です。 I'm staying here for 4 days.（アイム　スティン　ヒア　フォー　フォーデイ

空港からすでにステキ。見たい……でも急いで！

空港に着くや否や、いきなりフィンランドらしいデザインが視界に！「わ〜、フィンランド来ちゃった〜」わかります。でも、空港では急がなきゃいけないんです。

日本と違って広告や看板がひとつもない！

シンプルなデザインは空港からすでにスタート。

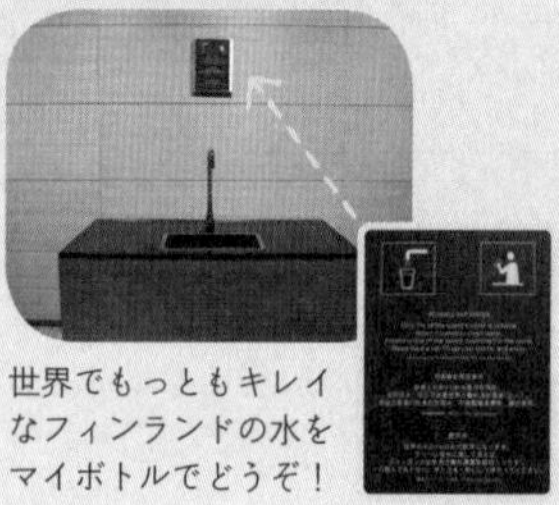

世界でもっともキレイなフィンランドの水をマイボトルでどうぞ！

なぜ急ぐのか。それは、夕方のヘルシンキ空港は、発着ラッシュだから。日本からだけでも成田、名古屋、関空からの便が一気に到着します。加えて、アジアからのフライトも続々と来るので、イミグレ（出入国審査）がかなり混み、1時間並ぶこともあるんです。「帰りにゆっくり見ればいい！」と自分に言い聞かせとりあえず突進しましょう。

途中通路が「乗り継ぎ」と「出口」とふたつに分かれます。手前の乗り継ぎ便に行く人が多く、心配になりますが、しっかり直進して「出口」へ歩みを進めて。

出口へどんどん進んでください！

イミグレでは……

イミグレって緊張しますが、あまりたいしたことを聞かれません。「何日滞在しますか？」「日本に帰る日は？」「旅の目的は？」とかそんな感じです。おもしろいのは、イミグレの人たちはパスポートの最後のページから順番にハンコを押すんです。隅っこにまとまっていて、なんだかフィンランドらしい。アメリカなんて適当なページ開いて、適当にバンッ！て押しますけど。

荷物を受け取ったら、まずはSIMカードをゲットしよう！

預けていた荷物を受け取って、ゲートを出ると左側にすぐスーパーがあります。でもそこではSIMカードは売っていないので、直進してください。次に見えてくる「キオスク」で売っています。5日間で5ユーロ、データ使い放題、フィンランドの電話番号までもらえるSIMカードです。私も最初はこのSIMを知らずに日本からWiFiを借りて持ってきていたのですが、もうずっとここで借りています。安いし、気軽。旅行中は、やはりスマホアプリの地図を使って移動することが多いので、WiFi環境は必須です。

「DNA」というのがSIMカード。自分のスマホのSIMと入れ替えるだけ。挿入口を開くピンを忘れないように持っていきましょう。わたしはいつもピアスで代用しますが……。

（ついに市内へ移動）

空港からヘルシンキまでどうやって行こう？

空港からヘルシンキの中心地までは約20キロ。移動には、鉄道、2種類のバス、タクシーなどいくつかの方法があるので、時間や荷物の量などを考えて選びましょう。

タクシー・UBER

TAXI, UBER

市内までの料金は45ユーロ前後と高めですが、ホテルや目的地まで直接行ける安心感があります。所要時間は30〜40分。UBERは、あらかじめアプリをダウンロードしておいて。

フィンエアー・シティバス

FINNAIR CITY BUS

ヘルシンキ中央駅とを結ぶ直行バス。所要時間は30〜40分で料金6.70ユーロ。チケット購入はクレジットカード可。毎朝5:45〜翌1:10（中央駅発は5:00〜24:00）、20分間隔で運行。

市バス

CITY BUS

市内行きは415番と615番。頻繁に止まるうえ、荷物を抱えての乗車には不向き。料金は5.50ユーロ。所要時間は40〜50分。チケットは券売機、もしくは運転手さんから直接購入できます。

オススメ

リング・レール・ライン

RING RAIL LINE

空港からヘルシンキ中央駅を結ぶ環状列車。楽なので一番使っています。料金は市内まで5ユーロ、所要時間は29分。チケットは券売機かアプリで。改札なしですがチケットは買ってね。

公共交通機関の支払いはアプリで

ヘルシンキ交通局（HSL）公式アプリかWhimアプリ

電車では車内でチケットが買えなかったり、バスなどは購入できても少し割高だったりします。また、チケット販売機はクレジットが主流です。チケット購入に時間を取られず、スムーズに移動するためにも、ヘルシンキ交通局（HSL）かWhimのアプリ決済が便利です。事前にダウンロード（無料）しておきましょう。目的地への最適ルートも検索可能です。

効率よく上手に使いこなそう

ヘルシンキ市内の移動手段に キックボードも！

市バス

CITY BUS

フィンランドの国旗と同じ、青と白のツートンカラーが目印です。とっても便利ではあるのですが、路線が多くて、フィンランド語のバス停も難しい。慣れないとわかりにくいので、交通アプリやGoogleマップでしっかり確認しながら乗りましょう。

トラム

TRAM

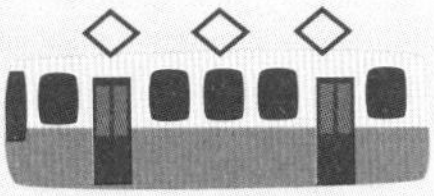

市内に全10路線あり、同じ番号のトラムが同じ線を上り下りし、折り返し運転しています。わたしは番号だけ見て、反対方面に飛び乗ってしまうという失敗も（笑）。イッタラ＆アラビア・デザインセンターなど、郊外に出かけるときにも使います。

地下鉄

SUBWAY

郊外のベットタウン行きの路線で、わたしが使うのは、ほぼマリメッコのアウトレットに行くときのみ。路線は１本で、4〜5分間隔で運行しています。乗り場に改札がないので少し不安になりますがが、チケットは忘れずに購入しましょう。

レンタルキックボードが市内の至る所に。専用のアプリを開くと、自分の近くにあるキックボードが地図上で表示され、どこでも拾い乗り、乗り捨て可能。借り方は簡単。キックボードのQRコードをスキャンするとレンタル開始され、終了時は終了を押すだけ。事前に登録したクレジットカードで自動支払いされます。

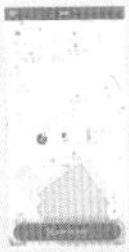

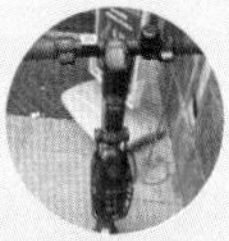

伝わる旅の英語フレーズ　英語でどういう意味ですか？ What does that mean in English?（ワッ　ダズザ　ミーン

（どんな街なんだろう？）

ヘルシンキは徒歩10分で どこでも行ける

いつ来ても、ヘルシンキは正直ガラーンとしている印象。でもそのガラーン感が心地よく、「この街なら制することができる！」という変な自信を持たせてくれるんです。足腰に自信がある方なら、市内はほとんど歩きでまわれます。

伝わる旅の英語フレーズ　お手洗いはどこですか？ Where is the bathroom?（ウェア　イズ　ザ　バスルーム?）

朝食抜きの人も思わず食べてしまう フィンランドの朝ごはん

とにかくチーズの種類が豊富。ヨーグルトにかけるものもありすぎて困るくらいです。生野菜や温野菜も充実していて、ジュースの種類もいっぱい。

フィンランドをはじめて訪れ、感動したことのひとつが、ホテルの朝ごはん。ほとんどのホテルは朝ごはんつきで、ビュッフェスタイルです。チーズ、パン、野菜、肉、サーモン、果物、ヨーグルト、ジュース……と、どれをとっても朝からおしゃれ!

わたしがこれまで食べて
お気に入りだったホテルの朝食は……

すべて100点満点
のオシャレさ

LAPLAND HOTELS BULEVARDI《ラップランドホテル・ブレヴァルディ》

ラップランドの雪と氷をイメージした室内はホワイト
とグレーが基調。デパートのストックマンまで徒歩圏内でサウナ付きの部屋も。朝食無料。

プレートのプレゼンテーションが洗練されていて本当においしい！　野菜、パン、チーズやパテの種類も豊富。具を選べばシェフが目の前でオムレツを作ってくれる！(P84)

パンが
豊富

ORIGINAL SOKOS HOTEL PRESIDENTTI HELSINKI《オリジナル　ソコス　プレジデンティ　ホテル》

全室改装され、洗練されたインテリアに。カンピセンター、
スーパーがすぐという好アクセスが魅力。サウナも完備。朝食は無料。

とにかくパンの種類が多いので、パン好きさんには特におすすめです。フィンランドの国民食、ライ麦で作ったカレリアパイ（写真右上）もしっかり準備されています。

伝わる旅の英語フレーズ　毛布を1枚いただけますか？ Can I have a blanket?（キャナイ　ハブ　ア　ブランケット?）

コーヒー消費量世界一の国のカフェ

フィンランドの１人あたりの年間コーヒー消費量は圧巻の12キロ！（2018年・International Coffee Organization）
ちなみに日本は１人あたり3.5キロほどなので、数字で見るとやはりフィンランド人は、相当飲んでることがわかりますね。
ヘルシンキにもコーヒーチェーン店はありますが、独立系のカフェもたくさんあります。コーヒー狂のわたしがおすすめする、市の中心部にあるカフェとコーヒーをご紹介します。
サードウェーブ系のカフェでは、豆や淹れ方を自分で選ぶスタイルが多いので、まずはコーヒーの淹れ方と飲み口をサラッと見ておきましょう。

カファ・ロースタリー
KAFFA ROASTERY

サイフォンはいつ見ても科学の実験みたいです。

はじめてのコーヒー選びを楽しもう 温かな雰囲気も魅力の本格派

サードウェーブコーヒーの代表格で、わたしのお気に入りのカフェのひとつです。映画で有名な「かもめ食堂」から5分ほど歩いたところにあります。豆の種類が豊富で、豆も淹れ方も選べ、迷っていると丁寧に説明してくれたり、一番合う淹れ方を教えてくれたりと、優しくハートフルなお店です。

扉を開くと焙煎のいい香りがします。

アラビアのコーヒーカップで気分が↑。

INFORMATION

住：Pursimiehenkatu 29A
交：トラム1番Telakkakatu下車、徒歩1分
営：月〜水7:45〜18:00、木〜金7:45〜21:00、土10:00〜21:00　休：日
URL：https://www.kaffaroastery.fi/

 これはいくらですか？ How much does this cost?（ハウマッチ　ダズ　ディス　コスト?）

CAFE AALTO《カフェ・アアルト》

映画「かもめ食堂」のロケ地にもなりました。

アアルトの芸術作品が醸し出す
香気に包まれた憩いのカフェ

モダニズム建築の巨匠アルヴァ・アアルトがデザインしたアカデミア書店内にあるカフェ・アアルト。インテリアは、アアルトの代表作ペンダントランプ「Golden Bell」、黒のレザーチェア、大理石のテーブルで揃えられています。アアルトの世界観に囲まれながらのコーヒーでアートな気分に。

代表作ペンダントランプ「Golden Bell」。

伝統料理のサーモンスープもいただけます。

INFORMATION

住:Pohjoisesplanadi 39
交:ヘルシンキ中央駅から徒歩5分
営:月〜金9:00〜20:00
土9:00〜18:00
日11:00〜18:00　休:なし
URL:https://www.cafeaalto.fi/home-jp(日本語)

JOHAN & NYSTRÖM《ヨアン&ニーストレム》

コーヒー豆やペストリーも充実。

おしゃれな赤レンガ倉庫の一角で 港の風景とコーヒーを味わう

愛好家たちが立ち上げただけあって、コーヒーを味わうしあわせを満喫できるお店。大聖堂から少し東の港に面した赤レンガ倉庫の建物の中にあります。店内も赤レンガで古さと新しさが融合した雰囲気。晴れの日は港のヨットをながめながら外でコーヒーを飲むのが最高に気持ちいいです。

赤レンガとおしゃれなインテリア。

階段を登ると景色のいい2階席もあります。

INFORMATION

住：Kanavaranta 7C-D
交：トラム4番Riddarhuset または7番Hallituskatu下車、徒歩1分
営：月〜土8:00〜19:00、日9:00〜18:00　休：なし
URL：https://johanochnystrom.fi/

 6階を押していただけますか？ Can you press 6?（キャンニュー　プレス　シックス?）

イピ・クルマクッピラ
IPI KULMAKUPPILA

たくさん光の入る落ち着いたインテリア。

光あふれる素敵なカフェはランチビュッフェもあり、社会貢献もしている人気店

ドアを開けると広がる吹き抜けの高い天井。大きな窓ガラスから光が射して店内は明るく、おしゃれなインテリアが目を引きます。フィンランドのカフェは浅煎りが多い中、ここのコーヒーはわたし好みの重すぎない中煎り。健常者と障害者のスタッフが一緒に働いているのもここの特徴です。

シナモンロールやドーナツも最高においしい。

白い壁と光で明るい店内。読書したり心地よいです。

INFORMATION

住：Porthaninkatu 13
交：トラム3、6、6T、7、9番 Björnparken下車、徒歩1分
営：月～金8:00～20:00、土11:00～16:00
休：日
URL：https://ipikulmakuppila.fi/

PAULIG KULMA《パウリグ・クルマ》

個席やソファでリラックスできる空間。

フィンランドコーヒーを代表する1杯とアボカドトーストで至福のひとときを

フィンランド最大手のコーヒー会社パウリグの直営店。コンビニでもスーパーでも必ず同社ブランドの豆が並び、ムーミンパッケージの豆もここが出しています。まさにフィンランドのコーヒー文化を担う老舗。カフェはとてもモダンなデザインで、コーヒーは本格的。焙煎の様子も見られます。

超おすすめ、アボカドトーストは絶品です。

街の中心部にあってアクセス抜群。

INFORMATION

住：Aleksanterinkatu 9
交：ヘルシンキ中央駅から徒歩6分
営：月～木7:30～20:00、金7:30～19:00、土日10:00～19:00　休：なし
URL：https://www.paulig.com/en/paulig-kulma

伝わる旅の英語フレーズ　休暇中です。 I'm on vacation.（アイム　オン　バケーション）

LA TORREFAZIONE《ラ・トレファジオネ》

ちょっと暗めの店内は落ち着いた雰囲気。

自分だけの場所にしたい……！
都心にたたずむ隠れ家カフェ

中央駅近く、トラムが走る通りにありますが、お店の入り口はドアがあるだけで目立つ看板も表札もないので通り過ぎてしまいそう。階段を上がるとカフェが現れます。窓際に座って、トラムや街ゆく人を眺めながら、コーヒーで一息できる隠れ家的なカフェです。

ひっそりした入り口を見落とさないように。

エスプレッソがおいしいイタリア系。

INFORMATION

住：Aleksanterinkatu 50
交：エスプラナーディ通りから徒歩1分
営：月～金7:30～20:00、土9:00～19:00、日10:00～18:30　休：なし
URL：http://www.latorre.fi/en/

KARL FAZER CAFÉ《カール・ファッツェル・カフェ》

老舗の威風堂々としたエントランス。

スイーツ好きにイチ押し！
チョコレートの名店で甘い夢に浸る

フィンランドの老舗チョコレート会社ファッツェルのカフェ。チョコレートはもちろん、ケーキやサンドイッチも充実しています。コーヒーをオーダーするとファッツェルのチョコを１つもらえるのはなんだかうれしい！　ショップでおみやげも探せます。スイーツ好きはぜひ立ち寄ってみて！

甘酸っぱいラズベリーとさっぱりチーズムースのケーキ。

パッケージも美しいギフトボックスも販売。

INFORMATION

住：Kluuvikatu 3
交：ヘルシンキ中央駅から徒歩7分
営：月～金7:30～22:00、土9:00～22:00、日10:00～18:00　休：なし
URL：https://www.fazer.fi/fazer-cafe/

 スーツケースが見当たらないのですが。 I can't find my suitcase.（アイ　キャント　ファ

（実録！ わたしの初ヘルシンキ）

さて、観光しますか……財布がない!?

はじめてのフィンランドは、飛行機ではなく
同じ北欧・スウェーデンから船で入国しました。
ちなみに船の中にはビュッフェ式の豪華な食事、
免税店、それにショーやナイトクラブまで
あって、降りたくないほど、
それはそれは楽しい経験でした。

HELSINKI
ハロー！
ヘルシンキ
16時間の旅！
SILJA LINE
サウナ
免税店
DUTY FREE
ビュッフェ
空中ショー
ディナー食べて、買い物して、
ショー見て、サウナ入って寝たら、
もう着いちゃった！

船はオールドマーケット前に到着。
いろいろ見たい気持ちはおさえて、
まずはホテルにチェックイン。

ガランと
してんなー
でもなんだか
凛とした感はある

こうしてわたしはヘルシンキに到着後、
20分も経たないうちに財布を失くした。

伝わる旅の英語フレーズ　予約してあります。 I have a reservation.（アイハブ　ア　リザベーション）

めったにモノを失くさないタイプの人でも
海外旅行中は何が起こるかわかりません。
カードのコピーやカード会社の電話番号は
旅行前にメモか写真を撮っておきましょう！

失敗から学ぶ！

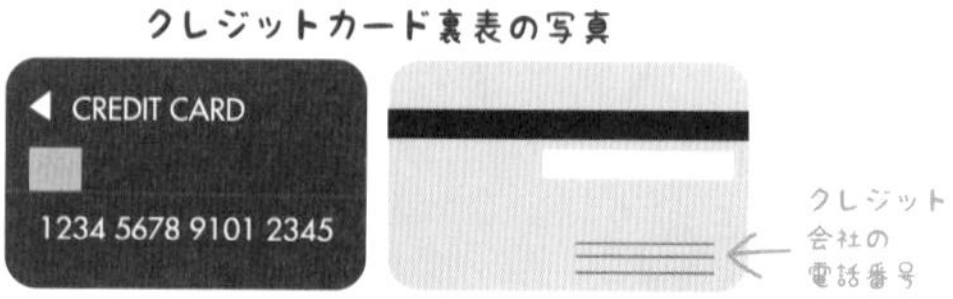

一旦外へ出て落ち着く……
いや、ゆっくり落ちこむことに。
街の象徴
ヘルシンキ大聖堂
HELSINKI
ココ!
財布落とした
ことないのに
なんで
よりによって
フィンランドで……
ゲンキダシテヨ!

クレジットカード1枚だけ、
別の場所に入れてあったので
かろうじて一文無しを免れた！

CREDIT CARD
1234 5678 9101 2345

たすかった〜
不幸中の幸い！
さて、
気を取り直して
観光へGO!

伝わる旅の英語フレーズ　予約を取りたいのですが。 I'd like to make a reservation.（アイド　ライク　トゥ　メイクア

歩いて回れる中心部の観光スポット

まずは
やっぱり

ヘルシンキ大聖堂
HELSINGIN TUOMIOKIRKKO

①③澄んだ空気と大聖堂のコンビは写真よりもずっと荘厳です。でも、中は拍子抜けするほどシンプル！　②ヘルシンキの街歩きでは大聖堂が道標になってくれます。

ヘルシンキを見守る
シンボル的存在！

ヘルシンキのランドマーク。石畳の元老院広場を見下ろすようにそびえ立つ、キリスト教ルター派のヘルシンキ教区の主教会で、白い壁と青銅のドーム屋根が目印です。1852年より30年かけて建築されました。広場を囲む建物も同じ建築家による設計のため、荘厳で美しく統一されています。中にも入れますが、結構一瞬で終わっちゃいます（笑）。

INFORMATION

住：Unioninkatu 29　交：エスプラナーディ公園から徒歩3分　営：6～8月 9:00～24:00、9～5月 9:00～18:00　休：なし　URL：www.helsingintuomiokirkko.fi
料：無料

屋台で食べると
一段とおいしい

マーケット広場
KAUPPATORI

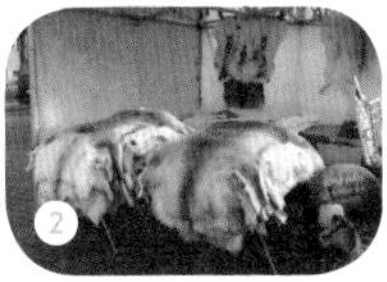

①白と黄色のテントが目印。②〜⑤さすがフィンランド、ソーセージ焼き棒、トナカイの毛皮が雑に売ってます。民芸品や手づくりのショップも。⑥⑦フルーツはちょっと試食できます。

食べ歩きしながら
フィンランドの食卓を覗こう

港の前にある青空市場。スウェーデンからの船が着くのもこの広場の前です。フルーツ、花、おみやげにもぴったりな雑貨や衣類、軽食の屋台が軒を連ねていて、食べ歩きする地元の人もいっぱい。オススメは、サーモンスープやワカサギのフライ。屋台なのに、テーブルクロスがマリメッコだったりするのも見どころ。冬は屋台が少なくなって寂しい。

INFORMATION

住：Kauppatori　交：トラム2番のKauppatori下車、徒歩1分　ヘルシンキ大聖堂から徒歩3分　営：春・秋期 6:00〜18:00　夏期6〜8月 10:00〜17:00　休：冬期

伝わる旅の英語フレーズ　予約の変更をしたいのですが。 I'd like to change my reservation.（アイド　ライク　ト

ヘルシンキ大聖堂
とセットで見よう

ウスペンスキー寺院
USPENSKIN KATEDRAALI

①じつはここ、夕焼けを見るいいスポット。トーベ・ヤンソン公園と海も見下ろせますよ〜。②大聖堂にくらべてなんとなく寂しげな雰囲気？　③金のドームと十字架がとっても豪華です。

赤レンガと青空のコントラストがきれい！
北欧最大のロシア正教の総本山

ロシア正教の総本山として1868年に建てられた教会で、フィンランドにはめずらしい、緑色の屋根と赤れんが造り、金のクロスが印象的です。内部もテンペラ画や金の祭壇、シャンデリアなど装飾もゴージャスです。ムーミンの作者トーベ・ヤンソンは、子ども時代にこの寺院や、隣接する公園（現トーベ・ヤンソン公園）を遊び場にしていたと言います。

INFORMATION

住：Kanavakatu 1　交：トラム4、5番のTove Janssoninpuisto下車、徒歩1分　営：6〜8月 9:30〜18:00（土10:00〜20:00、日12:00〜15:00）、9〜5月 9:30〜15:00（土10:00〜15:00、日12:00〜15:00）　休：なし　料：無料

色とりどりの
グルメとおみやげに

オールドマーケットホール
VANHA KAUPPAHALLI

①押し売りされないので気楽に見られます。②フィンランドのみなさんは魚好きです。③日本にはないスタイルのパンがたくさん。④港の真横にあるので、建物を見つけるのはカンタン。

こだわりの食材やおみやげが見つかる！
雨の日も楽しめる、屋内グルメタウン

ヘルシンキ最古の歴史を持つ屋内マーケットで、肉や魚など生鮮食品からおしゃれなカフェまで25店舗が営業しています。地元のグルメスポットとしても有名で、フィンランドらしいかわいいお店にテンションが上がります。冬は店舗が少なくなる屋外のマーケット広場と違って、通年楽しめるのもいい！　わたしはブランチやランチによく利用します。

INFORMATION

住：Eteläranta　交：トラム2番のKauppatori下車、徒歩1分　営：月～土8:00～18:00、日10:00～17:00　休：なし　URL：vanhakauppahalli.fi

伝わる旅の英語フレーズ　普通のお水をお願いします。 I'll have still water.（アイル　ハブ　スティル　ウォーター）

歩くだけで
ヘルシンキっ子
の気分

エスプラナーディ通り
ESPLANADI

①②フィンランドの有名な詩人の銅像だそうです。かもめが頭の上で粗相してます（笑）③派手さはないけれどカッコいい目抜き通り。④1867年創業の老舗高級レストラン「カッペリ」。

ゆったりした雰囲気の買い物エリア
ヘルシンキのメインストリート

ヘルシンキのメインストリート。マリメッコやイッタラなど北欧デザインのお店をはじめ、高級ブランドショップやホテル、レストランなどが立ち並んでいます。疲れたときは、隣接するエスプラナーディ公園でひと休み。芝生が広がり、ピクニックする地元っ子もいっぱいです。シナモンロールで有名な、通り沿いのエスプラナードカフェもおすすめ。

INFORMATION

交：トラム1～6、6T、10番のYlioppilastalo下車、またはトラム2番のKauppatori下車、徒歩すぐ。または市バス20、40番でErottaja下車、徒歩3分。エスプラナーディ公園沿い。

アアルトが
作った本屋さん

アカデミア書店
AKATEEMINEN KIRJAKAUPPA

①④シンプルかつ開放感のあるアアルト建築。②外観ではこんな広がりのある本屋に見えません。③さすがムーミンセクションは力が入ってます。

アアルト建築の粋がつまった ヘルシンキ最大の老舗書店

エスプラナーディ通りにある老舗大型書店は、無料で中に入れるアアルト建築。映画「かもめ食堂」にも登場しました。フィンランド人は本好きで、読書率も世界1位なのだとか。本の品ぞろえも豊富です。おすすめは、２階にあるカフェ・アアルト。オリジナルデザインの革張りチェアもあり、素敵な空間でランチやコーヒー（3.6ユーロ）を楽しめます。

INFORMATION

住：Pohjoisesplanadi 39　交：トラム１～6、6T、10番のYlioppilastalo下車、エスプラナーディ公園すぐ　営：月～金9:00～21:00、土～19:00、日11:00～18:00　休：なし　URL：www.akateeminen.com

伝わる旅の英語フレーズ　炭酸水をお願いします。 I'd like sparkling water.（アイド　ライク　スパークリング　ウォー

すべての
交通の拠点

ヘルシンキ中央駅
HELSINGIN RAUTATIEASEMA

①正面の目印は「球を持ったおじさん4人」。夜はおじさんの球に明かりが灯ります（笑）②③④100年以上前の建築ですがとってもモダン。電車の番号はしっかり確かめてから乗って～。

旅の気分を盛り上げてくれる
重厚でモダンなターミナル

地下鉄、トラム、バスはもとより、国内・国際のすべての長距離列車が発着し、タンペレやユヴァスキュラに行くときもここから乗ります。駅舎は1919年、時計台は1922年に完成した重厚感たっぷりの建築。地下１階にはコインロッカーや飲食店などがあり、なにかと便利です。駅周辺は、美術館や博物館、図書館など文化施設が集中するエリアです。

INFORMATION

住：Kaivokatu 1　交：地下鉄ラウタティエントリ駅（Rautatientori）もしくは、トラム3、5、6、6T、7、9番のRautatieasema

本の天国と
呼ばれる

ヘルシンキ中央図書館オーディ
HELSINGIN KESKUSTAKIRJASTO OODI

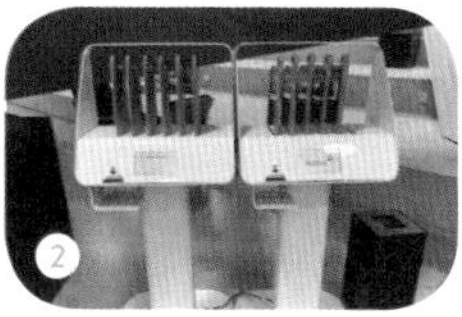

①一見図書館とは思えない斬新すぎるデザイン。②iPadも無料貸し出し。③フィンランドの子ども達はなぜかギャーギャー言わない（笑）。④日本みたいに学習机が並んでいません。

本を借りるだけじゃない！
今や新名所のフィンランド流図書館

建国100周年記念として2018年に建てられた図書館は、まさに市民への贈り物。本を借りるだけでなく、手作りが大好きな国民性を反映して、ミシンや作りたい物を立体化する3Dプリンター、音楽スタジオなども無料、もしくは材料費のみで使える充実っぷりです。はっきり言ってうらやましい！　国会議事堂を望むテラスでお茶がてら見学してみて～。

INFORMATION

住：Toolonlahdenkatu 4　交：ヘルシンキ中央駅から徒歩5分　営：月～金8:00～22:00　土日10:00～20:00　休：なし　URL：www.oodihelsinki.fi　料：3Dプリンターは材料費0.7ユーロ

伝わる旅の英語フレーズ　何がおすすめですか？ What do you recommend?（ワッドゥー　ユー　レコメンド？）

静寂の
教会

カンピ礼拝堂
KAMPIN KAPPELI

街中に、突如現れるお弁当箱!?　近代的なビルの中では、特に目立ちます。

木と光の優しさを感じる
心鎮まる静寂の場

モミの木を曲げて造られていて、秋田の「曲げわっぱ」か宇宙船のような不思議な外壁。でも、チャペル内の木の壁と天井脇から入る自然光で、不思議と心が穏やかになります。内部はおしゃべり禁止・撮影禁止なのでご注意を。静寂と木に囲まれてなんだかサウナにいるような気分に。街歩きに疲れたら、ここで休憩させてもらうこともできます。

INFORMATION

住：Simonkatu 7　交：トラム7、9番のSimonkatu下車、徒歩1分　営：月〜金8:00〜20:00、土日10:00〜18:00　休：なし　URL：www.kampinkappeli.fi　料：無料

荘厳な
岩の教会

テンペリアウキオ教会
TEMPPELIAUKION KIRKKO

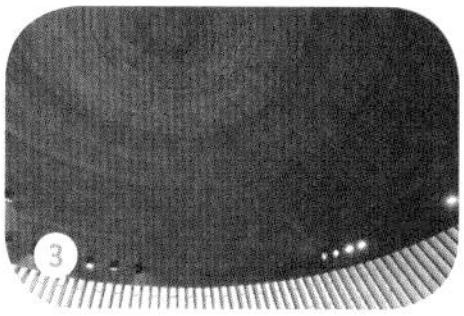

①岩の壁にパイプオルガンが鎮座。②洞窟に入って行くような雰囲気。③天井は大きな円で自然光がふわりと差しこみます。④石が落ちてこないか心配なほど、敷き詰められています。

岩をくり抜いて作った
斬新で壮大なデザイン

氷河時代の岩をくり抜いて作った教会で、一般的にイメージする教会とは全然違う！ 外から見ても丘のようで、一見教会には見えません。岩の壁と天井の巨大な銅板、窓から差しこむ光が美しく、一見の価値ありですが、所要時間は10分程度。6～8月の平日10:00～12:00、13:00～15:00はピアノ演奏も。中央駅から1、2番トラムで3駅です。

INFORMATION

住：Lutherinkatu 3　交：トラム1、2番のKauppakorkeakoulut下車、徒歩5分　営：5～9月 9:30～17:00（日12:00～）、6～8月 9:30～17:30（金～20:00、日12:00～17:00）、10～4月 10:00～17:00（日12:00～）　休：教会の行事があるとき　料：3ユーロ

スカンジナビア
最大のデパート

STOCKMANN《ストックマン》

①アルテックの家具はこうやってそろうとカッコいい。②⑤なんでもそろう買い物の強い味方ストックマン。入り口は四方八方にあります。トイレで困ったときも便利。③④北欧ブランドはひと通り入ってます。雑貨や小物、食器なんでもあります。

何でもそろう大型おしゃれデパート。マリメッコ、イッタラ、アラビアなどの北欧ブランドがワンフロア（5F）に勢ぞろいしているから、買い物動線もバッチリです。地下２階のデリで気の利いたお惣菜をテイクアウトし、ホテルや公園で食べるのもおすすめ。リカーストアもあるのでお酒好きの方にも。夜９時までやっているので、慣れていない初日や帰国前日の駆けこみ買い物にも便利です。４、10月にセールあり。

INFORMATION

住：Aleksanterinkatu 52　交：ヘルシンキ中央駅から徒歩5分、トラム１～6、6T、10番のYlioppilastalo下車、徒歩３分　営：月～金9:00～21:00、土9:00～19:00、日11:00～18:00　休：なし　URL：www.stockmann.com

総合ショッピング
センター

カンピセンター
KAMPPI CENTRE

①横にはアルコール専門店Alkoが入ってます。②ここのKスーパーは大きくて買い物しやすい。
③日本だと「イオン」みたいな感じのショッピングセンター。④無印良品もついにヘルシンキに
登場。⑤カンピの広場にある謎のアート。

マリメッコやイッタラなどの専門店から、お手頃なフードコートやスー
パー、地下の長距離バスターミナルまで何でもありなショッピングセン
ター。無印良品もあるので、忘れ物や防寒着の購入などにも便利です。
カジュアル価格のものが多いので、ばらまき系のおみやげや地元のもの
を買うときに利用しています。地階にあるスーパーのKマートは、フィ
ンランドではめずらしく夜10時まで営業。

INFORMATION ⋯⋯⋯⋯⋯⋯⋯⋯⋯⋯⋯⋯⋯⋯⋯⋯⋯⋯⋯⋯⋯⋯⋯⋯⋯⋯⋯⋯⋯⋯
住：Urho Kekkosenkatu 1　交：ヘルシンキ中央駅から徒歩3分　営：月〜金9:00〜
21:00、土9:00〜19:00、日12:00〜18:00　休：一部の祝日　URL：www.kamppi.fi

伝わる旅の英語フレーズ 乳製品のアレルギーなんです。　I'm allergic to dairy products.（アイム　アレルジック

やっぱりスーパーは楽しい！

フィンランドの人たちってどんなもの食べてるんだろうとか、日本と何が違うんだろうとか、その国の生活が垣間見られるのがスーパーマーケットのような気がします。

ブラブラ見ているだけでも楽しいし、もちろんおみやげを買うにも、持ってくるのを忘れた物の調達にも、ホテルでちょっと飲むビールやお菓子などを買うのにも役に立ちますね。

ヘルシンキの中心部には3つの大きなスーパーがあって、それぞれちがいを見るのも楽しいです。

レジは日本とちょっと違う！

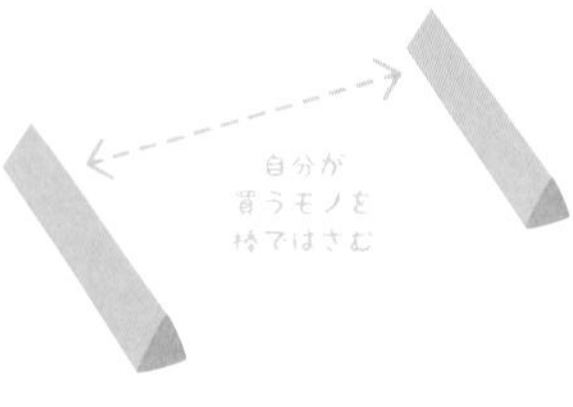

①まず袋が必要な場合は、レジ下にある袋を取ってから、コンベアに買うものと一緒にのせます。

②前の人がいる場合は、仕切り棒を置いてから自分が買う商品をのせます。のせ終わったら、最後にもう1つ仕切り棒を置いたら、待つだけ。

③袋詰めも自分でやるのがフィンランド流。支払いが終わったらすぐに移動して荷物を袋詰めしましょう。

K-SUPERMARKET
ケー・スーパーマーケット

ヘルシンキで一番店舗数のあるスーパーで、店の規模によりKシティマーケットなどと名前が変わります。プライベートブランドのPirkkaは、高品質で値段もお手頃と人気が高いそう。疲れた夜は、ビール（フィンランドはビールの種類もたくさんあります）のお供に、ライ麦パンやムール貝のオイル漬けなどを買って、ホテルの部屋で食べるのもいいかも。URL：www.k-market.fi

S-MARKET
エス・マーケット

リーズナブルな庶民派スーパー。軽食やビール、パンなども手頃なので、物価の高いヘルシンキでは助かる存在。ベリー系の飲み物などフィンランドらしいものをお試しで買うのも楽しいです。ムーミンのちょっとしたお菓子やマリメッコのペーパーナプキンはおみやげに最適。中央駅近くのソコス内にある店舗は24時間営業。URL：www.s-kanava.fi/web/smarkethokelanto.etusivu

伝わる旅の英語フレーズ 注文お願いします。 I'm ready to order. （アイム　レディ　トゥ　オーダー）

フィンランドとサウナとわたし

　わたしがはじめてフィンランドで入ったサウナは、先にも書きましたが、スウェーデンとフィンランドを結ぶ「シリヤライン」という客船の中でした。でも海の上だったので、厳密に言えばフィンランドではなかったかも（笑）。

　当時はまだ、「フィンランド＝サウナ」ということをまったく知らず、日本でもサウナに入ったことがほとんどありませんでした。外国でサウナだなんて、さらにお作法もよくわからぬまま、とりあえず行ってみることに。

　それがわたしのフィンランドサウナとの出会いでした。思い切って入ってよかった……。

　中に入るとサウナは男女別々で、サウナ室の中は丸裸の人もいれば、水着を着ている人も。

　そして、「水かけていいですか？」とひとりの女性がわたしを含む、サウナ室にいる人に聞きました。「水？」と思っていると、サウナストーブに水をかけてジューッとすごい蒸気が。あのときは、あのジューッ！　がなんだったのかわからなかったのですが、すごく気持ちがいい。それがのちに知ることになる「ロウリュ」でした。

　今こそ流行ってきたものの、まずサウナと言って思い浮かべるのは「熱い」「ヒリヒリ」「汗」「つらい」「早く出たい」「オジサン」「無理！」みたいなネガティブなイメージが多いかと思います。

　でもフィンランドのサウナは真逆。どちらかというと岩盤浴のようなじんわりとした温度で、先の女性が「ジューッ！」としたように、サウナストーンに水をかけて

蒸気を出して体感温度を上げるので、水蒸気いっぱいの空気に包まれる、つまりヒリヒリ感はなく気持ちがいいのです。

フィンランドのサウナには、日本みたいにテレビもなく、音楽も流れていません。タオルやうちわであおぐエンタメ的なものもありません。電球がぼんやり灯っていて、教会のようなイメージです。

そしてサウナは森の湖の横に立てられたコテージにあることが多く、サウナのあとは湖に飛びこみ、森や湖を見ながら外気浴できるようになっています。日本のサウナにある水風呂は、フィンランドの湖の代わりなんですね。

フィンランドのサウナは、ひとりで入れば自分と向き合う時間になるし、そこに知らない人が居合わせたら、「どこから来たの？」と話しかけてくれる。友達と入れば服を着ていたら話さないような心のうちを話したり、はたまたワイワイ楽しくビールを飲んだり、その都度サウナは入る人に合わせた環境になってくれるんです。体も気持ちがいいし、何よりも心が「洗濯」されるような気持ちになるのが、フィンランドのサウナなんです。

伝わる旅の英語フレーズ　いいですね、それにします。 That sounds good, I'll have that.（ザッ　サウンズ　グッド、

サウナの種類は3つある

温め方のちがいで、「電気サウナ」「薪サウナ」「スモークサウナ」に分けられます。

電気サウナ ELECTRIC SAUNA

日本でもおなじみ電気サウナです。電気で加熱するタイプなので、ダイヤルで温度の調整ができますし、木を燃やさないので煙も出ません。誰でもスイッチON・OFFで簡単に準備ができるサウナです。

家庭用の最新電気サウナ

広いサウナ＝大ストーブ

石に水をかけても平気

薪サウナ WOOD STOVE SAUNA

サウナストーブに扉がついていて、そこに薪を入れて燃やします。ストーブには煙突がついていて、サウナ小屋の外へ煙が出るようになっています。木の燃える香りとパチパチという音でリラックス効果は抜群です。

室外で木を燃やすタイプ

ストーブで木を燃やします

スモークサウナ SMOKE SAUNA

スモークサウナは昔ながらの伝統的なサウナ。サウナストーブの扉を開けたまま薪を焚いて、ストーブ上の石を温めてサウナ室を煙で充満させます。何時間もかけて温めたら、小さな小窓から煙を出します。滑らかでやさしい空気が特徴のサウナです。

スモークサウナの小屋

中はススで真っ黒

明かりは最小限

はじめてでも大丈夫！ サウナの入り方

はじめてでも、フィンランドのサウナってこんなふうなんだと、少し知っておくだけで、現地でとまどわずに入れます。せっかくフィンランドに来たんだもん、サウナ入りましょう！

　基本、公衆サウナは日本の銭湯などと同じで、男女別、中では裸。男女一緒のサウナでは水着を着る。それだけです。男女一緒のサウナでスッポンポンで登場しない限り（笑）、とにかく大丈夫。

　それではサウナのお作法を見ていきましょう。

1
まずは、入り口でお支払い。タオルとロッカーキーをもらいます。プライベートサウナやホテルのサウナでは自分のタオルを持って行きましょう。

2
男女一緒なら水着着用、別々なら裸が基本です。別々でも水着を着ている人はいますが、フィンランド人は基本裸です。念のためフロントで確認すると◎。

3
サウナに入る前はシャワーでさっと体を洗いましょう。お尻に敷く紙のシートがある場合はそれを使い、なければタオルを敷くと汗でベタベタになりません。

4
「ロウリュ」するときは一言かけて。熱くなったら出て、冷たいシャワーをしたり、湖に飛びこんだり、外で涼んだり。それの繰り返しです。簡単でしょ!?

伝わる旅の英語フレーズ　注文してから30分くらい待っているんですが。 I've been waiting for my food for

（ヘルシンキで入れるサウナ）

バルト海にドボンできるローカルなサウナも！

1928年創業の老舗公衆サウナ

コティハルユ サウナ
KOTIHARJUN SAUNA

①入り口で支払いしたら2階へ。②ロッカーは昔ながらの木製でなんだかノスタルジック。③これこそザ・公衆サウナの風景。

ベストな湿度と温度で
人情あふれる公衆サウナの原点

ヘルシンキで一番古い公衆サウナ。外の道端で、タオル1枚で涼む人たちの写真やイラストが、ホームページなどでよく紹介されていて、わたしもいつかあそこでタオル1枚外気浴がしたい！ とずっと憧れていたサウナです。今ではヘルシンキへ行くと、必ず立ち寄るように。巨大なサウナストーブのある薪サウナで室内は木の香りとやわらかな湿度。一番上に座ってロウリュすると、一気に汗が吹き出します！

INFORMATION

住：Harjutorinkatu 1
交：地下鉄Sörnäinen下車、徒歩6分
営：14:00〜21:30（入場は20:00まで）
休：月　URL：www.kotiharjunsauna.fi
料：14ユーロ

近年の公衆サウナブームの火付け役

KULTTUURISAUNA《クルットゥーリサウナ》

①ドアの先にはサウナ＋バルト海が広がります。②入り口は名前も掲げず最小限の看板のみ。見落とさないよう注意。③なんともシンプルでおしゃれなたたずまい。

バルト海にドボンできる シンプルな北欧デザインサウナ

2013年にオープンしたこちらのサウナは、建築家が経営する、現代おしゃれ公衆サウナのさきがけ的存在。シンプルな白い建物に赤いネオンのSAUNA煙突が印象的です。サウナ室は男女別になっていて、受付でロッカーキーとおしりシートをもらったら、服を脱いでシャワーを浴びましょう。その先にサウナ室があります。サウナ室の窓からバルト海が見えるようになっていて、熱くなったらサウナから出てその海に飛びこむこともできます。外に出るときはタオルを巻く、もしくは水着着用を。

INFORMATION

住：Hakaniemenranta 17　交：地下鉄Hakaniemen下車、徒歩8分　営：16:00～21:00（入場は20:00まで）
休：月火　URL：kulttuurisauna.fi　料：15ユーロ
サウナ室では水着やバスタオルの使用不可です。外用&汗拭きタオルは持参のこと。

都市型オシャレサウナ

LÖYLY《ロウリュ》

①広い海と調和する木造のLÖYLY。入る前からテンションが上がります。②インテリアも木のぬくもりが満載です。③海を見ながらの食事は最高！④建物の海側は全面窓。

湖畔の本格派サウナを 都会でモダンに再現！

2016年にオープンしたサウナとレストランの複合施設で、サウナでありながらヘルシンキのおしゃれスポットのひとつ。レストランでは目の前に広がるバルト海をながめながらフィンランド料理が楽しめます。夏は海に面したテラス席の競争率が激しいですが、風に吹かれながら食事やお酒を飲むのは最高に気持ちがいいです。サウナはオンラインで予約をしておいたほうが◎。薪サウナとスモークサウナがあり、男女一緒に水着を着て入ります。サウナの後は外の階段を降りてバルト海にドボン！

ユー　ハブ　ディス　イン　ア　スモーラー　サイズ?）

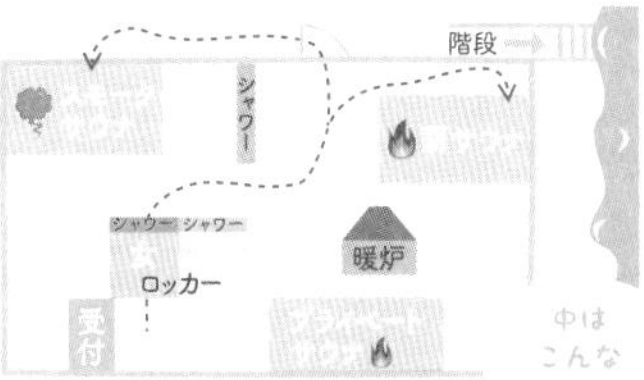

中は
こんな
かんじ

入ったら、通路にあるクローゼットにコートと靴を入れます。

受付で、予約の名前を告げタオルとロッカーキーをもらいます。

ロッカー

ロッカー室は結構せまめ。まわりの人の邪魔にならないように。

シャワー

水着に着替えてシャワーへ。シャンプー、ボディソープあり。

水着で出る

タオルを置く場所があるので、忘れずに持っていきます。

暖炉のあるスペースで休憩したり、アルコールを飲んだりもできます。ここは男女共用スペースなので水着のままでOK。

サウナ室からバルト海へ続く階段。冬は恐ろしいことに、階段の手すりが凍っています。手が張り付くので気をつけて（笑）。

INFORMATION

住:Hernesaarenranta 4　交:カンピ駅などから市バス14番でHenryFordinkatu下車、徒歩1分
営:月～水16:00～22:00、木13:00～22:00、金13:00～23:00、土8:00～10:00、13:00～23:00、日13:00～21:00　休:月火
URL:loylyhelsinki.fi
料:2時間制で19ユーロ　水着持参

現代版公衆サウナ

UUSI SAUNA《ウーシ サウナ》

①こちらはレストランスペース。②中庭で空を見ながらの外気浴はサイコー。③フィンランドではサウナのネオンは赤が定番？

食事やお酒も楽しめる！
木を燃やす伝統的なスタイル

モダンな新興住宅街にできた最新の公衆サウナ。フィンランド語で「新しい」を意味する「ウーシ」は、納得のネーミングです。入り口のドアを開くと、まずバー・レストランがあります。マリメッコのクッションがたくさん置かれてかわいい！　サウナは2種類で、男女別サウナは木片が熱源のウッド・ペレットサウナと本格派、男女一緒のほうは電気サウナです。中庭では、アルコールなどドリンク片手に外気浴ができます。

INFORMATION

住：Välimerenkatu 10　交：トラム7,9番でUpprops kontoret下車、徒歩2分　営：16:00〜24:00　休：月
URL：uusisauna.fi　料：16ユーロ　レンタルタオルはマリメッコで4ユーロ
移動用のサンダルを持参すると便利です。電気サウナはグループ貸切り利用ができます。

世界初観覧車サウナ

SKY SAUNA《スカイ サウナ》

①観覧車の中ですがちゃんとしたストーブがあります。②夜景が見えるのはロウリュ前のみ！③まさかこの観覧車のゴンドラの１つがサウナ室だとは……。オプションでシャンパンも飲めます。

地上40メートルの
世界初の空中サウナ！

フィンランド人、どこでもサウナ作っちゃうなといういい例がこちらの観覧車サウナ。ヘルシンキの街はもちろん、眼下に広がるエーゲ海、離島の世界遺産・スオメンリンナ島が一望できるスカイウィール観覧車のゴンドラのうち、1つだけがサウナ！　もちろんロウリュもできるのですが、ロウリュしたら真っ白に曇ってしまうので景色は全然見られません（笑）。1周回らないと出られないので、ロウリュのしすぎには注意。

INFORMATION

住：Katajanokanlaituri 2　交：トラム4、5番でJanssons park下車、徒歩2分　営：月～金12:00～18:00、土11:00～19:00、日11:00～17:00　貸切りのため要予約。　休：なし　URL：www.skysauna.fi　料：1時間定員4人までの貸切りで240ユーロ。4人以上の場合は1人につき30ユーロプラス。

ラップランドホテル・ブレヴァルディ
LAPLAND HOTELS BULEVARDI

①ベッドからサウナ丸見え。②洗面所にサウナがあります。③部屋サウナでロウリュは全サウナーの夢！

ラップランドがイメージの
ホテルで楽しむプライベートサウナ

名前のとおり、ラップランド地方をテーマにしたインテリアになっていて、とにかくシンプルでおしゃれ。室内は白とグレーを基調とし、雪と氷の世界、ファブリックはトナカイの革をイメージ。ほとんどのヘルシンキのホテルには共用のサウナがあるのですが、自分の部屋にプライベートサウナがあるのはめずらしい。やはり、いろいろ気にせず、ひとりで好きなように入れるサウナは至極最高です。わたしは早起きして、3時間くらいひとりでサウナ三昧しました。朝食もおいしいです。（P47）

INFORMATION

住：Bulevardi 28
交：トラム2,4,5,7番でAleksant.teatteri下車、徒歩1分
カンピセンターまで徒歩7分　休：月
URL：laplandhotelsbulevardi.com/　料：1人1泊159ユーロ〜。
朝食はラップランド料理のビュッフェ形式。

こちらはヘルシンキの定番・有名どころのサウナです。
こんなにフィンランドに通っているのに、なぜかまだ行けてない（笑）。
次回のフィンランド旅では必ず行きたい！

老舗公衆サウナ

SAUNA ARLA《サウナアルラ》

1929年創業の老舗サウナ。じつは都市型ウーシサウナと同じキンモさんという方がオーナー。同じ老舗のコティハルユに似た優しい空気の薪サウナなんだろうなと、密かに期待しています。

INFORMATION
住：Kaarlenkatu 15　交：トラム9番でHelsinginkatu下車、徒歩1分
営：15:00～21:30（土・日は14:00～）　休：月・火　URL：arlansauna.net
料：15ユーロ。温度は低めで、蒸気がたっぷりと評判。

冬は凍った海にドボン！

ALLAS SEA POOL《アッラス・シー・プール》

マーケット市場の目の前にあるサウナ、レストランとプールの複合施設。サウナは男女別、男女一緒があるそう。サウナ後はプールかバルト海の海水プールに。ネット予約でサウナヨガも体験可。

INFORMATION
住：Katajanokanlaituri 2a　交：トラム4番でTove Janssonin p.下車、徒歩2分　営：月～金6:30～21:00、土9:00～21:00、日9:00～20:00
休：なし　URL：www.allasseapool.fi/fi/　料：14ユーロ。

（次は腹ごしらえ）

フィンランドを食らう！

フィンランドといえば「食」、というイメージはあまりないかもしれませんが（笑）、食事はとってもおいしいです！　日本人好みの魚料理もありますよ。最近はゼロウェイストやサステイナブルを掲げるレストランも増えてきています。まずは、代表的な伝統フィンランド料理のご紹介です。

カレリアパイ

朝ごはんによく出てきます。

マッシュポテトや卵などの具材をライ麦生地で包むパイのこと。朝ごはんにも、昼食にもおやつにも欠かせない、フィンランドの国民食で日本でいうお米のような存在。

ニシンのフライ

冷たいバルト海育ちのニシンは、身が引き締まっていておいしい！　ニシンのフライはピクルスの付け合わせと一緒に。フライなら、マーケット広場などの屋台でも食べられます。

スナック菓子っぽくて手が止まらない。

トナカイの肉

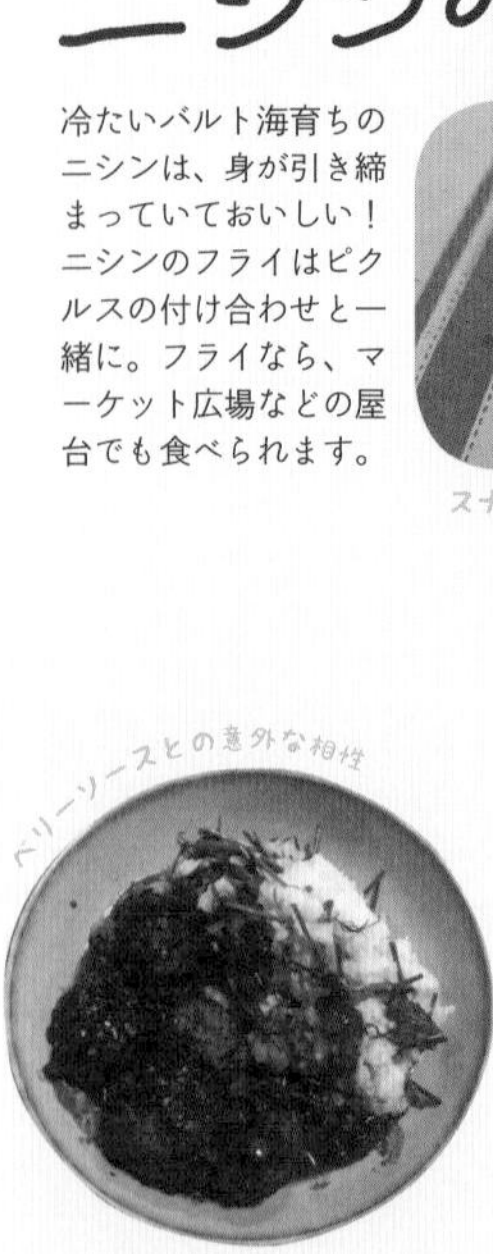

ベリーソースとの意外な相性

カレーにもトナカイの肉

トナカイの肉は、ロースト、煮込み、ミートボールなどいろいろな食べ方があります。どれもラップランドの定番料理。意外にもくさみがなく、やわらか。マッシュポテトとラズベリーソースを添えて。

黒パン

どこでも出てくる黒い
パンの正体は、ライ麦
パン。酸っぱくて中身
のつまった硬いパンは、
バターによく合います。
腹持ちがよく、食物繊
維もたっぷり。スープ
にも。クセになる味！

スープとの相性抜群！

サーモン料理

日本でもおなじみの北欧サーモン。スモ
ークしたり野菜たっぷりのサーモンスー
プにしたりグリルしてソースと合わせた
り、食べ方はいろいろ。日本の鮭より脂
がのっていてサンドウィッチもおいしい。

脂がのってフワフワ

シナモンロール

コーヒー大好きのフィ
ンランド人。そしてコ
ーヒーに欠かせないの
が、ブッラと呼ばれる
シナモンロールです。
甘さや濃厚さ、ふさふ
さ感は店によりさまざ
ま、食べくらべても楽
しい。

この国にまずいシナモンロールはない！

ほっこり癒しのサーモンスープ

レイパユースト

噛むとキュッキュと音
がする不思議な食感の
焼きチーズ。凝縮され
た牛やヤギのミルクを
パイ型で焼いたもので
す。ベリーのジャムを
載せたり、朝食として
目玉焼きと一緒に。

クセがなくて食べやすい

伝わる旅の英語フレーズ　どこでお支払いすればいいですか？ Where do I pay?（ウェア　ドゥ　アイ　ペイ?）

（ちょっと贅沢グルメ）

ぜひ行ってみたい有名レストラン

屋台やマーケットで食べるフィンランド料理も最高なんですが、有名なレストランもヘルシンキにはたくさんあります。わたしもまだまだ回り切れてはいないのですが、今まで行ったことのある、おしゃれで意識の高いレストランをご紹介します。

OLO《オロ》

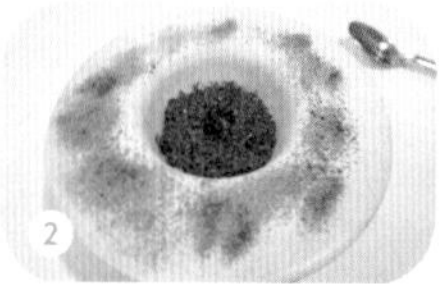

①うずらと椎茸のスープは絶品。②お皿も個性的。③牡蠣1つですが入れ物が豪華。④ベリーに包まれたゴートチーズ！⑤パンは岩塩とクリームで。⑥魚卵は出汁といっしょに。　2011年からミシュラン星をもらい続けているレストラン。スカンジナビアの食材を使ったコース料理のみで、それぞれの料理を担当した料理人たちが自ら、料理を持ってきて説明してくれます。説明を受けて食べるとより素材の味を感じられますよ。前菜からデザートまで約17品目ほどあり、3時間ほどかけていただきます。

INFORMATION

住：Pohjoisesplanadi 5　交：マーケット広場前、トラム２番Kauppatori下車、徒歩1分。　営：火～土18:00～24:00、土は16:00からのアーリーディナーも。　休：日・月　URL：olo-ravintola.fi/en/　料：139ユーロ～。

フィンランドでは
高めのレストランでも、ちょっと
キレイめなカジュアル服で
十分です！

NOKKA《ノッカ》

①じゃがいもとフルーツの組み合わせ。②素材がいいと焼いただけでも美味。③アイスに食用のお花添え。　2017年、18年にミシュラン星をもらっている高級フィンランド料理店。中央駅から徒歩15分ほどの赤レンガ倉庫の一角に。レギュラーコースかベジタリアンコースの2種類、国内で採れた旬の食材が使われています。コースは4、5品ほど、多すぎず少なすぎずで◎。

INFORMATION

住：Kanavaranta 7　交：マーケット広場前、トラム２番ToveJanssonin p.下車、徒歩2分。　営：月～木17:00～23:00、金・土は～24:00　水～金はランチ営業あり　休：日　URL：https://www.ravintolanokka.fi　料：74ユーロ～。

JUURI《ユーリ》

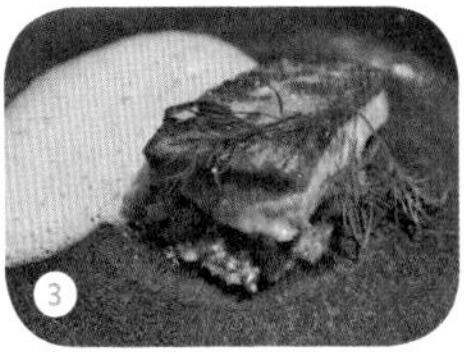

①ハンバーグはスープ仕立て。②フォークを入れたら半熟卵がジュワリ。③フィンランドでよく食べられるノーザンパイク。　フィンランド料理をタパスで楽しめるレストラン。地産地消にこだわった食材が使われています。コース料理もアラカルトのメニューもあり、数人で行っても上手にお皿に人数分まとめてくれます。量が多めで、お腹いっぱいに。

INFORMATION

住：Korkeavuorenkatu 27　交：マーケット広場前、トラム10番 Juhanneksenkirkko下車、徒歩2分。　営：月～日17:00～23:00　休：無休　URL：juuri.fi/en/i　料：55ユーロ～。

範囲を広げて行動

ちょっと遠いところまで行ってみよう

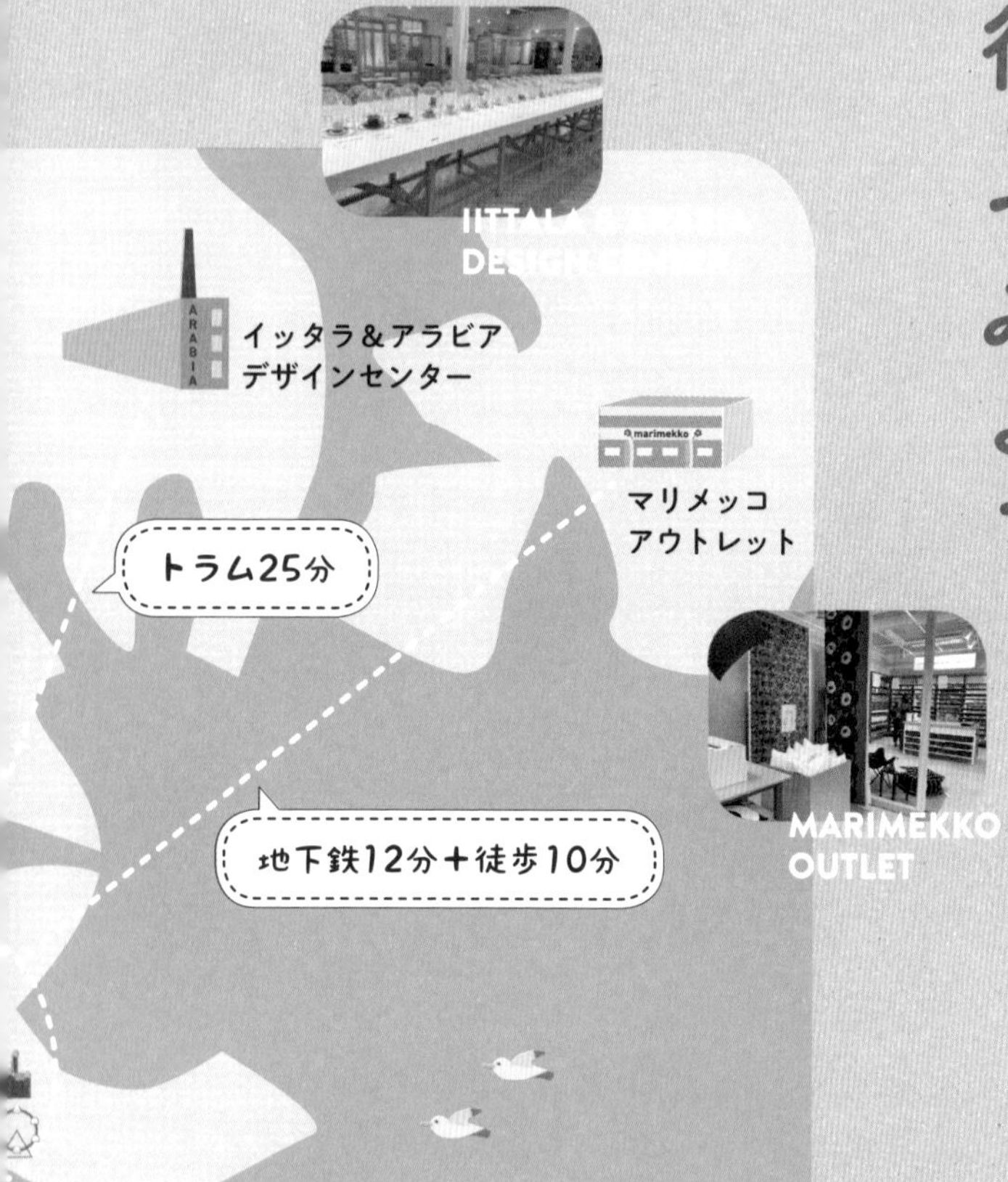

ヘルシンキ中心部の歩いて回れるエリアを網羅したら、次は少し遠くの観光スポットまで行ってみましょう。遠いといっても、公共交通機関を使って片道10分前後～30分程度。少し足を伸ばせば、マリメッコのアウトレットやアラビアのファクトリーなどがありますよ。

　地下鉄もトラムもバスも何回か乗るとすぐに勝手がわかってくるので、歩くよりトラムに乗っちゃおう！　と気軽に乗れるようになります。Googleマップや交通関係のアプリの力を借りて、思い切って遠出をしてみましょう。

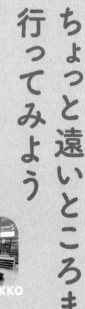

ヘルシンキ
郊外地図

HELSINKI

...RSEN

空港

シベリウス公園

ハカニエミ
マーケット

バス15分＋徒歩2分

カフェ・
レガッタ

トラム6分

バス15分＋徒歩3分

中心部

CAFE ...

バス12分

エスプラナーディ
通りのはじから
はじまで徒歩5分

LÖYLY　ロウリュ

伝わる旅の英語フレーズ　レシートをいただけますか？ Could I get the receipt?（クッダイ　ゲッ　ザ　レシート？）

（マリメッコ好きのマストスポット）

マリメッコのアウトレットへ行く

上／生活雑貨も盛りだくさん。右／ファブリックの天国！

日本の正規の値段よりも断然お安いので、マリメッコ好きの方は外せないマリメッコアウトレット。特にファブリックコーナーはディスカウント率が高く、オープンと同時に入店できれば、いいものをゲットできます。そして社員食堂は買い物客も利用可能。フルランチとスープランチがあります。サーモンがすごくおいしいので、メインディッシュがついているフルランチのほうをおすすめします。ここへ来る日の朝食は控えめにしておくといいかもしれないですね！

キオスクがある方の出口へ

出てすぐの橋を渡ってひたすら直進

マクドナルドとシェルの看板を左折

マリメッコの看板が見えたらもう大丈夫

食堂でランチ

ランチの食器はもちろんマリメッコ♡気分があがります。

INFORMATION

住：Kirvesmiehenkatu 7　交：地下鉄M1、M2番で市中心から12分程度Herttoniemi下車、徒歩10分　営：月～金10:00～18:00、土10:00～17:00、日12:00～16:00　休：なし　URL：www.marimekko.com/com_en/

ホバスかトラムで

上／1階にショップも
併設。右／ARABIAの
大きい文字が目印。

（食器を買えて知識も身につく）

イッタラ＆アラビア デザインセンターへ

かつて工場だった建物は歴史を感じさせてくれます。アウトレット
からデザインセンターに名前が変わり、デザインミュージアムも併
設されていて、無料とは思えないハイクオリティ。食器好き、デザ
イン好きの方はぜひ足を運んでみてください。1階にはカフェとシ
ョップがあり、アラビアとイッタラの食器がたくさん並んでいます。
最新からセカンドハンドやヴィンテージの取り扱いもあるので、日
本では高額の掘り出しものを見つけられるかも。

上／9階のデザインセンターに並ぶ歴代アラビア食器。デザインの変革を一気に
見られるのは貴重。下左／ワークショップも開催。下右／1階にカフェも併設。

INFORMATION ·····
住：Hämeentie 135 A　交：トラム6、6T、8番でArabiakatu下車、徒歩3分　営：
火〜木12:00〜18:00、土・日10:00〜16:00（ショップ：月〜金10:00〜20:00、
土10:00〜17:00、日10:00〜16:00　休：月（ミュージアム）　URL：www.
designcentrehelsinki.com/jp/

使える旅の英語フレーズ　○○へ行くのはいくらくらいかかりますか？ How much would it cost to go to ○

バスorトラムで

（地元の人も買い物する市場）ハカニエミマーケットホールで買う！

上／やはり海に囲まれているため魚の種類は豊富。右／日本では見かけない種類の野菜もたくさん。

1914年から続く歴史の長いハカニエミ・マーケットホールは、地元の人が日々利用する活気ある市場。現在は改装中で、建物の横に移転して営業中ですが2020年春すぎに改装終了予定。やはり100年以上続く老舗の雰囲気を味わいたいので、早く元の場所に戻って欲しいものです。場所は地下鉄とトラムのハカニエミ駅の目の前。中央駅からは地下鉄でたった6分、2駅。徒歩20分ほどなので、天気のいい日は景色を見ながらがんばって行くのもありです。

左／マリメッコ、イッタラ、アラビアを扱うセカンドハンドショップもあるので掘り出しものが見つかるかも。上／スープやサンドイッチなどの軽食がとれる屋台レストランもたくさん。下／新鮮な魚、肉、野菜をはじめ食品がずらり。

INFORMATION

住：Hämeentie 1a　交：地下鉄M1、M2、トラム3、6T番で6分程度　Hakaniemen metroasema下車　営：月～金08:00～20:00、土08:00～18:00　休：日
URL：www.hakaniemenkauppahalli.fi/

市バスorトラムで

（アートを堪能しカフェで一服）
シベリウス公園へ行ってから レガッタでコーヒー

上／オルガンは中から見上げると全然違う印象に。右／顔のまわりはタバコの煙だとか。

大きな公園内にオルガンを模した筒形モニュメントと、横にはフィンランドの作曲家シベリウスの巨大な顔だけの彫刻が現れます。なんだかエキセントリックですが、インスタ映えします。シベリウス公園を海辺へ向かって歩くと見えてくるカフェ・レガッタ。カフェ内は小さく席はほとんどないので、外で海を見ながらコーヒーとシナモンロールをぜひ。キャッシュオンリーなのでご注意。

左／レガッタのコテージ小屋は都会の中でフィンランドの田舎が再現されています。上／外には焚き火もあり、ソーセージが焼けます。下／ここのシナモンロールはふわふわ。コーヒーは浅煎り・深煎りが選べます。

INFORMATION

住：Merikannontie 8（カフェ・レガッタ） 交：市バス24番で市中心から20分程度Sibeliuksenpuisto下車、徒歩3分 営：08:00～21:00 休：なし URL：caferegatta.fi/in-english/

（フィンランド旅行のプロに聞く）

じょうずな旅のプランの立て方

まずは
「好き」を
探そう

達人に聞いてみよう！

北欧旅行フィンツアー
（株式会社フィンコーポレーション）
代表取締役　美甘小竹さん

北欧との出会いは幼少期。父の駐在によりスウェーデンのストックホルムで育つ。大学卒業後、CAとして航空会社に勤務した後、北欧専門の旅行社である現在の会社に入社。2014年より現職。

「好き」が旅のキーワード

Q お客様の旅行計画はどう作る？

明確な目的はなく、ばくぜんとフィンランドに行ってみたいという方には、フィンランドにどんなイメージを持っているかを聞いて、何をしてみたいかをポンポンとあげてもらいます。

すると、自分では意識していないけれど実は好き、というものが見えてきます。デザインとか、ショッピングとか、自然や景色が好きということがわかったら、それを旅のテーマにします。

Q デザインが好きな方には？

まずデザインやアート関係へ行く時間を旅の日程の最初にあてます。最後にすると心残りで帰ることになるので、行きたい目的は最初にかなえ、その間に食べる、休憩する、をはさみます。たとえばアートの雰囲気のあるアアルト・カフェを提案したりなどですね。

Q スケジュールは細かく立てる？

基本的に好きなテーマが円滑に進むように手配します。ショッピング好きな方なら、買い物を置きたいでしょうからホテルはアクセスのいいところにするとか。好きなこと、目的を決めて、それに合わせてスケジュールを立てると、満足度の高い旅になります。

ふむふむ！

○○、ブリーズ）

ヘルシンキ満喫3日プラン
3 DAYS TRIP PLAN

DAY 1

中心部で王道スポットめぐり

朝 ← MORNING

エスプラナーディ通り

路面店が開店したらエスプラナーディ通りへ。イッタラ、マリメッコ、ラプアンカンクリなど人気店を散歩しながらチェック。（p64）

ヘルシンキ大聖堂

最初はやはりヘルシンキのシンボル・大聖堂から。大聖堂周辺を散歩しながら、街のイメージとロケーションを把握します。（p60）

ヨアン&ニーストレム

朝イチで出かけて港をながめながらのモーニングコーヒーとサンドイッチを。とっても気持ちいい旅のはじまりです。（p51）

昼 ← AFTERNOON

オーディ図書館

1日中いられるくらい設備が充実しているオーディ。本を読んだり、カフェでコーヒーを飲んだり。人間観察も楽しい！（p67）

テンペリアウキオ教会

ヘルシンキ中心部を通って街並みを見ながらテンペリアウキオ教会へ。休憩がてら、座って荘厳な岩のつくりを観察してみて。（p69）

マーケット広場

港へ戻ってマーケット広場へ。テントの屋台でニシンのフライやサーモンスープ、トナカイのミートボールが食べられます。（p61）

夜 ← NIGHT

カール・ファッツェル・カフェ

まだお腹に余裕があれば、フィンランドが誇る老舗チョコレート会社ファッツェルのカフェで、ケーキとコーヒーを。（p55）

かもめ食堂

映画で有名なかもめ食堂。日本料理もフィンランド料理もあり。どちらも食べたい方はトナカイのお肉カレーがおすすめ。（p45）

アカデミア書店

市内でアアルト建築が気軽に見られるアカデミア書店。フィンランド語や英語の本、ステイショナリーも充実して見飽きません。（p65）

伝わる旅の英語フレーズ　○○までお願いします。 I'd like to go to ○○, please.（アイド　ライク　トゥ　ゴートゥー

DAY 2

ちょっと遠出してサウナに挑戦！

朝 ← MORNING

オールドマーケットホール

雑貨めぐりが楽しいオールドマーケットホール。チョコレートやコーヒー、紅茶などや、北欧の雑貨などおみやげ探しにも最適。（p63）

マリメッコのアウトレット

マリメッコのアウトレットでショッピング。日本の正規価格より断然安いので、気に入ったらしっかりゲット！ おみやげにも。（p92）

カファ・ロースタリー

朝から店内では大きな焙煎機が稼働していて店はコーヒーアロマでいっぱい。こだわりの豆を選んでモーニングコーヒーを。（p49）

昼 ← AFTERNOON

コティハルユ サウナ

ヘルシンキ最古の公衆サウナ。赤いネオンの下でタオル一枚で外気浴する地元の人が名物。郷に入っては郷に従えでトライ！（p78）

イピ・クルマクッピラ

ここのコーヒーは本当においしいです。ケーキやペストリーも充実しているので、やっぱり食べないわけにはいきません。（p52）

ハカニエミマーケット

魚や肉など新鮮な食材から雑貨までそろうハカニエミマーケット。スープ専門店のサーモンスープとパンは絶品です。（p94）

夜 ← NIGHT

ソリ・ブルーイング

市内中心部に戻ったらホテルに帰る前に地元のおしゃれクラフトビアバーへ。ローカルの人と一緒にビールで乾杯！（p101）

ロウリュ

サウナとレストランが一体化したLÖYLY。おしゃれ空間でフィンランド料理を堪能したら、フィンランドサウナに挑戦。（p80）

カンピセンター

ヘルシンキの人たちに大人気の日本のMUJIが入っています。日本の無印良品とどう違うかくらべてみるのも楽しいかも。（p71）

DAY 3

観光＋おみやげショッピング

朝 ← MORNING

ストックマン

食品、コスメ、電化製品、なんでもそろう総合デパート。ブランドをそれぞれのお店に出向かずに一気に見られるのでラク！ （p70）

シベリウス公園

さらに歩いてシベリウス公園へ。シベリウスの顔と一緒に写真を撮るのを忘れずに。その先のレガッタでコーヒーブレイクを。（p95）

カフェ・アアルト

アカデミ書店内のカフェ・アアルトで本にかこまれながらモーニング。天井から光が降り注ぐ店内をながめながら優雅な朝を。（p50）

昼 ← AFTERNOON

サウナ・マーケット

サウナが好きになったら大聖堂の目の前のサウナグッズ専門店へ。マイ・サウナハットや顔に塗るハニークリームをゲット。

パウリグ・クルマ

ヘルシンキ中心部に戻り、ホテルに荷物を置いたらランチタイム。おいしいラテと名物アボカドトーストでほっと一息。（p53）

イッタラ＆アラビア デザインセンター

日本でも人気のイッタラとアラビア。デザイン好きなら展示は必見。歴史も学べます。（p93）

夜 ← NIGHT

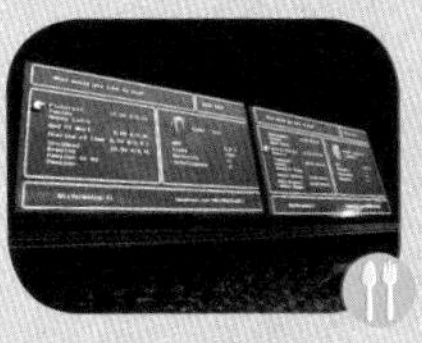

8ビッド・タップルーム

ビールのメニューが画面にファミコンふうに表示されています。フィンランド国内で醸造されたビールをぜひ試してみて。（p101）

スーパーマーケット

KスーパーとSマートのスーパーめぐり。マリメッコやフィンレイソンのペーパーナプキンやお菓子などはおみやげに◎。（p72）

ユーリ

フィンランドの素材を使った創作料理のお店。日本人の口に合う。小皿料理が楽しめます。人気店なので必ずご予約を。（p89）

伝わる旅の英語フレーズ　鍵が壊れています。 The key isn't working.（ザ　キー　イズント　ウォーキング）

おまけアクティビティ

ヘルシンキのクラフトビール

じつはわたし、アルコールにものすごく弱く、ビールも5口くらいで酔っ払ってしまうほどですが、それでもクラフトビールが大好きなんです。ヘルシンキのスーパーへ行くと、フィンランド人クレイジーすぎないか？　と思わせるほど種類豊富なクラフトビールがずらりと並んでいます。

スーパーでビールを買ってホテルで飲むのもいいですが、夜、ちょっとバーへ繰り出してみるのもローカルな気分になれて、いい挑戦になると思います。ヘルシンキではこちらのビアバーがおすすめです。

ブリッゲリ・ヘルシンキ
BRYGGERI HELSINKI

「昼飲み」したいならココ！

ヘルシンキ大聖堂のすぐそばにある朝11時からオープンしているブルワリー。数種類のタップ（樽の注ぎ口）と瓶もあります。ランチもやっているので観光の途中、ランチと一緒にビール1杯、というのにぴったりです。

店内には大きな醸造タンクも

INFORMATION

住：Sofiankatu 2　交：トラム3、6番のSenaatintori下車、徒歩2分　エスプラナーディ公園から徒歩3分　営：月～木・日12:00～2:00、金・土 12:00～3:30　休：なし
URL：https://bryggeri.fi/en/

オルスオーネ・カイスラ
OLUTHUONE KAISLA

お店の人に味の好みを伝えると、おすすめをチョイスしてくれます

ビールのセレクションはヘルシンキ１！

古いビアパブという雰囲気で、ヘルシンキで一番の品ぞろえと言われています。小さいお試しサイズのグラスで数種類のめるフライトセットがあるので、フィンランドのビールをいろいろ試せるのがいいですね。

INFORMATION　住：Vilhonkatu 4　交：トラム3、6番のKaisaniemenkatu下車、徒歩1分 中央駅から徒歩5分　営：月～木・日12:00～2:00、金・土12:00～03:30　休：なし　URL：https://www.raflaamo.fi/en/helsinki/kaisla

ソリ・ブルーイング
SORI BREWING

オスルオーネ・カイスラとはお隣さん

最新のおしゃれクラフトビール屋さん

「Serious Beer for Not So Serious People（そんなに真面目じゃない人たちのための真面目なビール）」と書かれた上にはタップハンドルがずらり。醸造はエストニアのタリン。IPA、スタウトからサワーまであります。

INFORMATION　住：Vuorikatu 16　交：トラム3、6番のKaisaniemenkatu下車、徒歩1分 中央駅から徒歩5分　営：月～金11:00～0:00、土 12:00～0:00　休：日　URL：https://soribrewing.com/taprooms

エイトビット・タップルーム
8-BIT TAPROOM

ファミコン世代には懐かしい画面

レトロなゲームとクラフトビール

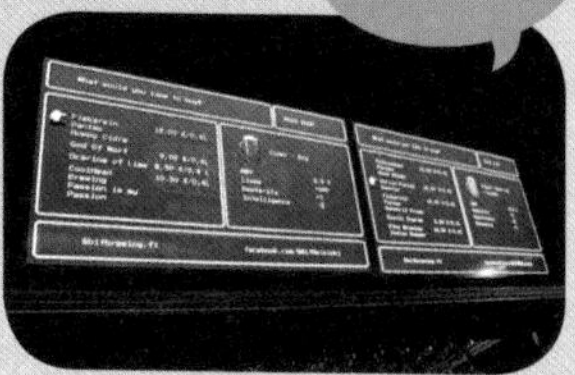

名前から予想がつくかもしれません。ゲームがテーマのバーで、メニューも8ビットのファミコンふうに表示されています。店内にはレトロなゲーム機もあるので飲みながらゲームにチャレンジしてみるのも楽しそう。

INFORMATION　住：Lönnrotinkatu 11　交：トラム1、3、6、6T番のErottaja下車、徒歩2分 中央駅から徒歩10分　営：月～木11:00～23:00、金11:00～1:00、土15:00～1:00　休：日　URL：https://lonkka.fi/8bittaproom/

伝わる旅の英語フレーズ　確認していただけますか？ Can you check with it?（キャンニュー　チェック　ウィズ　イッ

COLUMN

いきなりショック!? 財布紛失事件の「その後」

はじめてのフィンランドにフェリーで到着直後に財布を落とすという大失敗をしてしまいましたが、不思議と旅が台無しになることはありませんでした。

　ホテルの人が紛失・盗難届を手伝ってくれたり、フェリーの従業員さんたちも一緒に探してくれたりと、この国の人の優しさが、もっと心に残ったからです。

　しかも根拠もなく財布が出てくるんじゃないかと思っていました。しかし、そんなことはなく、3日の滞在期間はあっという間に過ぎて、日本へ帰国しました。

　2ヵ月後のある日、国際郵便が届きました。差出人はヘルシンキ警察。中に入っていたのは、なんと落とした財布。メモもなく、財布だけが素っ気なく入っていたのには笑いましたが、その日からわたしは完全にフィンランドのファンになりました。だって財布を見つけた誰かが郊外の警察署に届け、警察は持ち主のわたしを探してわざわざ日本へ送ってくれたんですから。財布が届くまで何人が動いてくれたかと思うと……（涙）。

　だいぶ経ってから「フィンランドは財布が返ってくる国」と聞いて納得。本当でした。でも、いったいどこにあったんだろう？

（トラブルは意外な結末に）

CHAPTER

3

好きなこと、好きなものを深掘りする

ヌークシオ＋
ロヴァニエミ編

フィンランドをより深く楽しむために、ヘルシンキを飛び出します。わたしのもっと深く知りたい好きなことは「森のスモークサウナ」！　そして冬のフィンランドのイメージ、ラップランドでオーロラ観測にも挑戦。

NUUKSIO + ROVANIEMI

ヘルシンキの次は、どこに行く？

ここまで読んでこられて、もしかしたらなんとなく、気づかれている方もいるかもしれませんが、

ヘルシンキは小さい！

そうなんです。それがいいところなんです。日本から離れた、とっても「外国」らしい国なのに、1日歩けば、だいたい街の全容を把握できてあっと言う間に「じぶんの街」感が出てくるのがヘルシンキ。ほどよく外国で、でも緊張しなくて、本当に居心地のいい街なんですよね。

　でもひと通り観光が終わると、もうちょっと外へ出てみたくなるものです。はじめてヘルシンキへ行ったときのこと。ハカニエミマーケットでサーモンスープを飲んでいると、横に日本人らしき女性が座りました。「日本の方ですか？」と声をかけてみると、そうですと。それで話していると、彼女は1年前に家族でヘルシンキに旅行に来て、どうしてももう一度ひとりで来てみたくて、旦那さんに子どもを頼んでひとりヘルシンキにチャレンジ中だったのです。「はじめて来たときにこの街ならひとりでも来られるかもって思ったんです」とおっしゃっていました。

　ヘルシンキは女性ひとりでも「行けるぞ」って思える街なんです。

わたしの
もっと知りたい
深掘りテーマは……

SAUNA

だから2度も3度も何度も来てしまう場所なんですよね。
わたしも同じでした。ヘルシンキの観光はひと通り終わったので、次に来るときは何かを深掘りする旅にしたいなと思っていました。

AURORA

この2つ

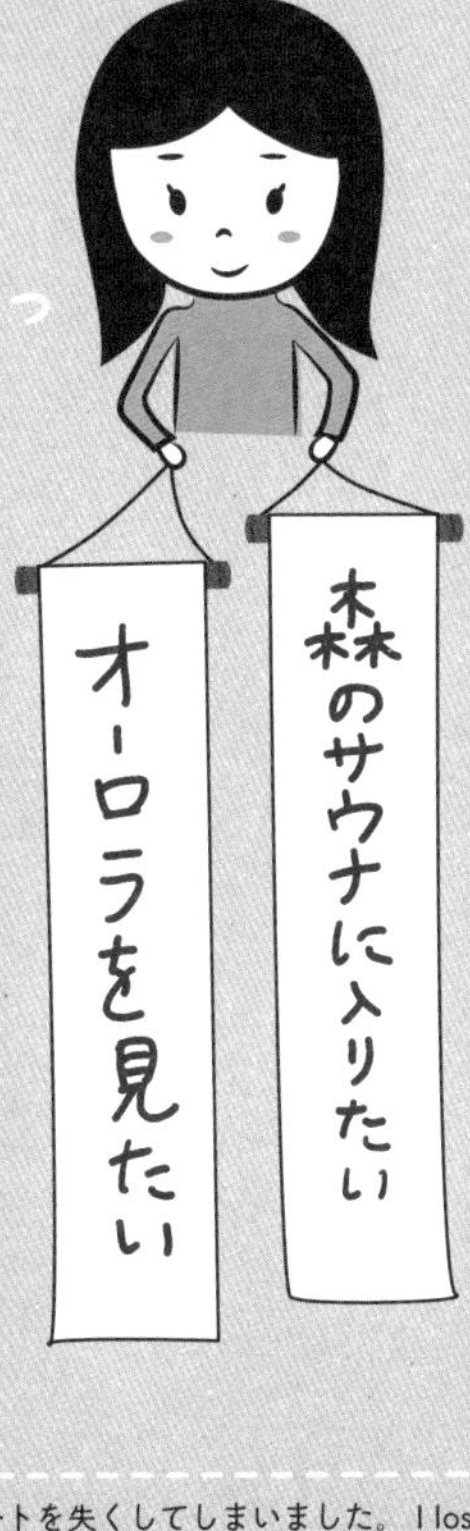

天候などで
オーロラが見られない
リスクもあるので
見られなかったとしても
ほかのアクティビティが
できて満足できる
ところをリサーチ。

ヘルシンキから近くて、
森の中で入れる
スモークサウナ施設を
リサーチ。
湖に飛び込めると
いうのも必須条件！

（わたしの深掘り第一弾）

ヌークシオの森でスモークサウナ

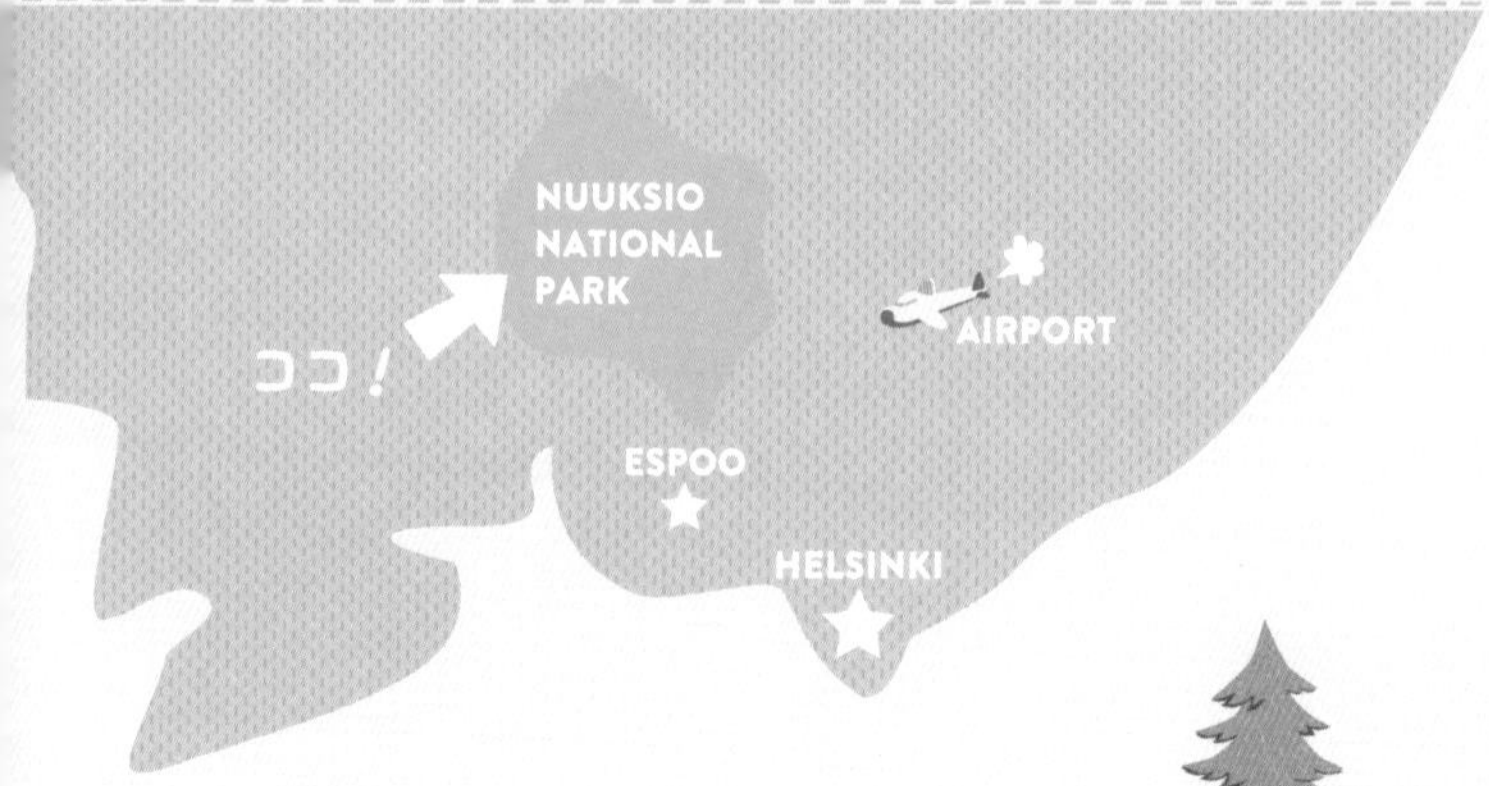

ヘルシンキの公衆サウナを体験したら、つぎは森の中でサウナに入りたい！　という思いがふくらみました。しかも日本では入ることのできない、スモークサウナに。

スモークサウナとは、一番原始的なサウナで、「キングオブサウナ」とも呼ばれているんだそう。要は、サウナに煙突がなく、文字通り煙を充満させて温めるサウナのことです。

ヘルシンキから日帰りで行ける森のサウナをリサーチ中、サウナが好きでフィンランドでサウナ旅をしたことのある友人に聞いてみました。まず行くのは「ここが一番、絶対おすすめ！」と教えてもらったヌークシオ国立公園の中にある貸切スモークサウナに決定。

映画「かもめ食堂」にも登場するヌークシオの森は

ヘルシンキの西35kmに位置する国立公園で、ヘルシンキから日帰りでもたっぷり森林浴が楽しめます。ハイキングコースは3つあり、1時間半ほどで回れる気軽な散策コースも。初夏から秋にかけてはキノコやベリーも摘めます。

（ちょっとハードル高め、でもなんとかなる）プライベートスモークサウナの予約方法

オーナーはペッカというこのおじさん。スモークサウナの値段が書いてないので直接メールで交渉してみることに。

こちらが友人がすすめてくれたサウナのHP。ベッド＆ブレックファースト的な宿泊施設でサウナもあるみたい。写真を見るだけでワクワクしてします。 URL：greenwindow.fi

宿泊なしでスモークサウナだけ
使わせて欲しいんですが……。

モイ（こんにちは）、イヨ！
貸切デ60ユーロネ。
コーヒーモ淹レテアゲル。

ヤッター！
しかもなんか

わーい、キートス！
じゃスモークサウナ
よろしくおねがいします！

でもこれで完了？
大丈夫かな……？

（ヘルシンキ発、はじめての遠出！）

電車とバスを乗り継いで ヌークシオの森へ

中央駅からエスポー行きの電車に乗ります。支払いは券売機もありますが、アプリでの購入がやはり簡単。アプリではCの地域のチケットを選択します。エスポー行きの電車はY、X、U、L、E、どれに乗っても大丈夫です。

　はじめての遠出で不安になりながらも、無事エスポー駅に到着！次はバスに乗り換え。バスが一番不安でしたが、さすがヌークシオの森行き、アウトドアっぽい服に身をつつんだ人たちがたくさんいたので、ちょっと安心。ペッカさんの森はヌークシオの一番奥なので、バスは一番奥まで行く２４５Aです。２４５ではペッカさんの

バスの車窓には、
単調な風景が続きます。
途中で人がたくさん降りて
いくので、ちょっと
不安になりながらも、
ペッカさんと友人に言われた
通りとにかく終着駅まで
乗り続けます。

バスに乗り換えて
終点まで乗ります！

すると……

念のため、
観光案内所で
エスポーの帰りの
バス時間を
チェック！

近郊列車に
乗り込みます！

ところまで行かないのでご注意を。ペッカさんの森って呼んでますが、正しくはペッカさんの運営するGREEN WINDOWという名前のホテルです（笑）。思わず森って言いたくなるほど、ザ・フィンランドな森と湖、自然にかこまれていて、宿泊施設、サウナ、そして森と湖で楽しめる、さまざまなアクティビティが用意されています。わたしが行った日は、研修旅行のフィンランド人の団体さんも来ていて、寒空の下みなさんでドッジボール的なアクティビティを楽しんでいました。

　わたしは今回、日帰りでスモークサウナだけを拝借。スモークサウナを貸し切りで拝借ということは、つまりこの森、湖を独り占めってこと!!　思い切って、ここまで来てよかった！　ヒャッホー！

煙が
立ち上がってるー！
ワクワク

これがペッカさんの森！

ヨウコソー！

着いたー！

おーい！　ペッカさーん！
ほんとに来たよ～！

あ、ペッカさん
あれ、なんか一瞬
びっくりした顔した？

（ペッカさん、サウナの準備は？）

わたし、サウナの薪を焚きました！

ペッカさんに施設の紹介をしてもらいます。スモークサウナへ連れて行ってもらうと、あれ、まだ煙がムンムン出てますけど……。

　わたしを見たときのペッカさんの「あっ！」って顔、あれはスモークサウナまだ準備できてない！ってことだったみたい。わたしはスモークサウナにはどんな準備が必要なのかしっかり予習をしてきていたので、それ、わかってました！　スモークサウナは何時間もかけてサウナ室で薪を焚いて煙で熱々にしたあと、小さな窓からゆっくり煙を出して余熱で入るサウナ。だから煙がムンムン出てるということはまだ焚き出し中！（笑）

そのかわり、スモークサウナの準備をお手伝いするという貴重な体験！

薪割りのお手本を見せてくれるペッカおじさん。自分で割った薪で入るサウナはサイコーだぞー！

わたしも自分で割った薪をスモークサウナに投入中。煙たい、煙たい！目が開けてられません。

自分で割った薪でサウナを焚いた記念に写真撮ってあげると言われて撮ってもらいました。ここからしばらくサウナを温める時間になります。

スモークサウナができあがるまではペッカおじさん自慢の森の小屋で焚き火をしながらコーヒーをいただきました。ペッカおじさんが作ったシナモンロールまでいただきました。

右／スモークサウナ、ギリギリできあがり！ スピード仕上げだったので、やはりちょっと目が痛い！ 下／電気サウナもあったので、こちらも入りました！

入りました！ シヌーーーッ！

この日の気温は8度くらい。

めちゃめちゃ冷たそう……。だけど、ここまできて湖に飛び込まないわけにはいかぬ！ 勇気を振り絞って、いざ！

伝わる旅の英語フレーズ　日本国大使館に連絡していただけますか？ Can you call the Japanese embassy

サンタのいるラップランドへ行ってみたい！

ヘルシンキは思っていたよりもずっとこじんまりとしていたけれど、やはり都会は都会。次はもっと雪景色でトナカイが走ってるようなフィンランドのイメージそのものの場所に行ってみたい。頭に浮かんだは「ラップランド」。とはいえ、ラップランドって、どこ？ ということでリサーチ開始。

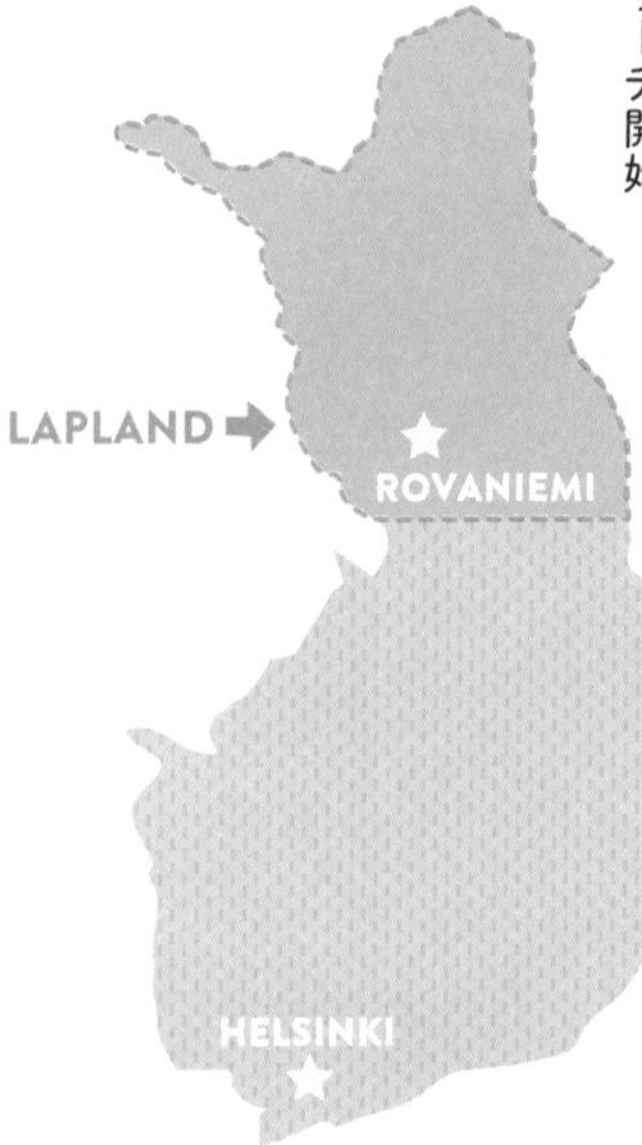

LAPLAND

ラップランドとは!?

ヘルシンキから飛行機で1時間半。フィンランド北部にあり、そのほとんどのエリアが北極圏。夏は白夜、冬は日中でもマイナス25度、そして極夜になる極限の地です。オーロラ観賞するなら必須。犬ぞりもできます。

ラップランドで一番知名度がある街は、サンタクロースがいる「ロヴァニエミ」。ここはラップランドの南のほうなので、一泊旅行でも気軽に行けるし、サンタクロース村だけじゃなくて、オーロラだって見られるかもしれない！ というわけで、一泊ラップランド旅の目的地はロヴァニエミに決定！

行き方

ヘルシンキからロヴァニエミまでは、飛行機で1時間半弱。わたしがロヴァニエミへ行ったのは10月末ですが、ロヴァニエミの空港はすでにクリスマスムードでした。サンタクロースの街なので、もしかしたらこれは通年仕様なのかも？　と思いつつ、荷物を受け取って外へ出ると「ガラーン……」。でもこれが見たかったんです。もうトナカイの群れが走ってきそうな感さえあります！

ロヴァニエミ空港から
外に出ると……

伝わる旅の英語フレーズ　電話をお借りできますか？ Could I use your phone?（クダイ　ユーズ　ヨー　フォーン?）

巨匠アアルトがデザインした 人気！ロヴァニエミの街

一応デパートもあり！

サウナハットを売ってました！

北極圏とは北極線より北の地域。その北極線上にロヴァニエミがあります。北極線上に存在する街は、世界中でロヴァニエミだけなんだそうです。

世界最北のマクドナルドがあるのもこのロヴァニエミ

ラップランドの美しい自然にアアルト建築が調和する

ラップランド最大の街で、オーロラ観賞の拠点。郊外には、１年中サンタに会えるサンタクロース村もあります。第２次世界大戦後、建築家アルヴァ・アアルトが都市デザインを手がけ復興に尽力。中央図書館や生前最後の建築物ラッピアハウスなどもあり、建築探訪もおすすめです。

これがサンタさんの持つ
「サンタクロースヴィレッジ」

さすがサンタクロース村
サンタの助っ人のトナカイが
ゴロゴロいます！

本物のサンタがいる

サンタクロースがいる村に！

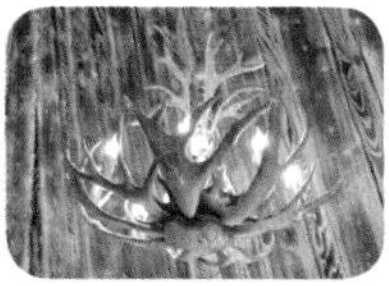

わたしが訪れた10月下旬でも雪がうっすら積もっていたサンタクロース村。
サンタクロース村はちょうど北極線の真上にあるんです。

ロヴァニエミから、バスで30分のテーマパーク

サンタクロース村では、1年を通してサンタ
クロースに会え、一緒に写真も撮ることがで
きます。でもわたしはサンタの待つ小屋に並
ぶのが急に億劫になり、北極圏まで来たのに
サンタに会わずに帰ってきちゃいました（笑）。
トナカイファームがあり、冬はトナカイソリ
も気軽に体験できます。

合わないで
帰るって
マジ!?

ゴメーン！

INFORMATION 年中無休。季節によって年末年始、クリスマスなどは
時間の変更がある。市バス8番で30分、Arctic Circle
下車。ほぼ1時間ごとの運行。バスは往復券がお得。

伝わる旅の英語フレーズ　腹痛の薬をください。　Can I get some medicine for stomach ache?（キャナイ　ゲット

サウナ付きの部屋で待機できる

オーロラを見るためのホテル

ラップランド ホテルズ スカイ オウナスヴァーラ

LAPLAND HOTEL SKY OUNASVAARA

写真は残念ながら、わたしが泊まった2017年のもの。当時は、わりと簡素な印象（失礼！）でしたが、いまは窓から見える「まさに森」な風景と一体化するように、木のぬくもりを残しつつ、モダンでおしゃれに生まれ変わっています！

ラップランドには一泊だけとオーロラチャンスが少なかったので、ロヴァニエミの街の中のホテルではなく、ろうそく橋を渡った森の中のホテルに決めました。特大の濃いオーロラが出たら街の中でも見られるんですが、弱くて薄い場合はやはり街明かりの影響がない暗い森の中が一番だからです。そしてここに決めたのは、部屋にサウナがあるということも大きな理由。オーロラが見られなくても好きなだけサウナに入れるから！

わたしがここに泊まったのは2017年。じつはそのあと改装がされたようで、HPを見てみるとおしゃれでいい感じのデザインに変わっていました。願わくは、もう1回泊まりたい！

オーロラツアー・モイモイ号に参加

（プロに連れて行ってもらおう）

自社運行！オーロラバス・モイモイ号(moimoi号) 2019-20

¥10,700

✓ツアー料金
✓ツアー内容 ロヴァニエミ発
今すぐチェック オンライン申込み

日本を出発する土日祝日を除く3日前までの予約が必要です。85ユーロ。所用時間は約4時間。「モイモイ号」で検索。

日本語説明つきのオーロラツアーで、静まり返った雪原にある先住民のサーミ人が暖をとるコタやロッジで、満天の星空をながめ、温かいコーヒー等を飲みながら、出現を待ちます。集合するホテルから遠い場合は迎えにきてくれるのでホテルを決めてから予約をしよう。

ネットで
カンタンに
申し込み
できました！

伝わる旅の英語フレーズ　SIMカードの取り扱いはありますか？ Can I buy a SIM card here?（キャナイ　バイ

（人生で一度は見てみたいオーロラ）

心の目なんかで見ない！ この目でオーロラを見るぞ！

オーロラっていうと、このイメージですよね。でもオーロラツアーに行った人には、だいたい「あれ、雲？」くらいのぼんやりしたモヤみたいな感じだから期待しちゃダメだよって言われてきました。

　オーロラっていうのは心の目で見るものだと。カンタンには見えないし、見られたとしてもモヤ程度、そう言い聞かせていてもやはり心に描くはこの壮大な夜空を駆け巡る光のカーテン！　たとえ一泊でもわたしはこのカーテンを見るんだという気持ちで行きました。でもその前に、オーロラが見える見えないってどう決まるんでしょう？　そもそもオーロラって？

オーロラってなに？

太陽から放出された帯電した微粒子が、大気中の原子に衝突して放電し、発光したもの。衝突した原子により、オーロラの色や形が変化します。ラップランドはオーロラが見えやすい、オーロラベルトに位置します。

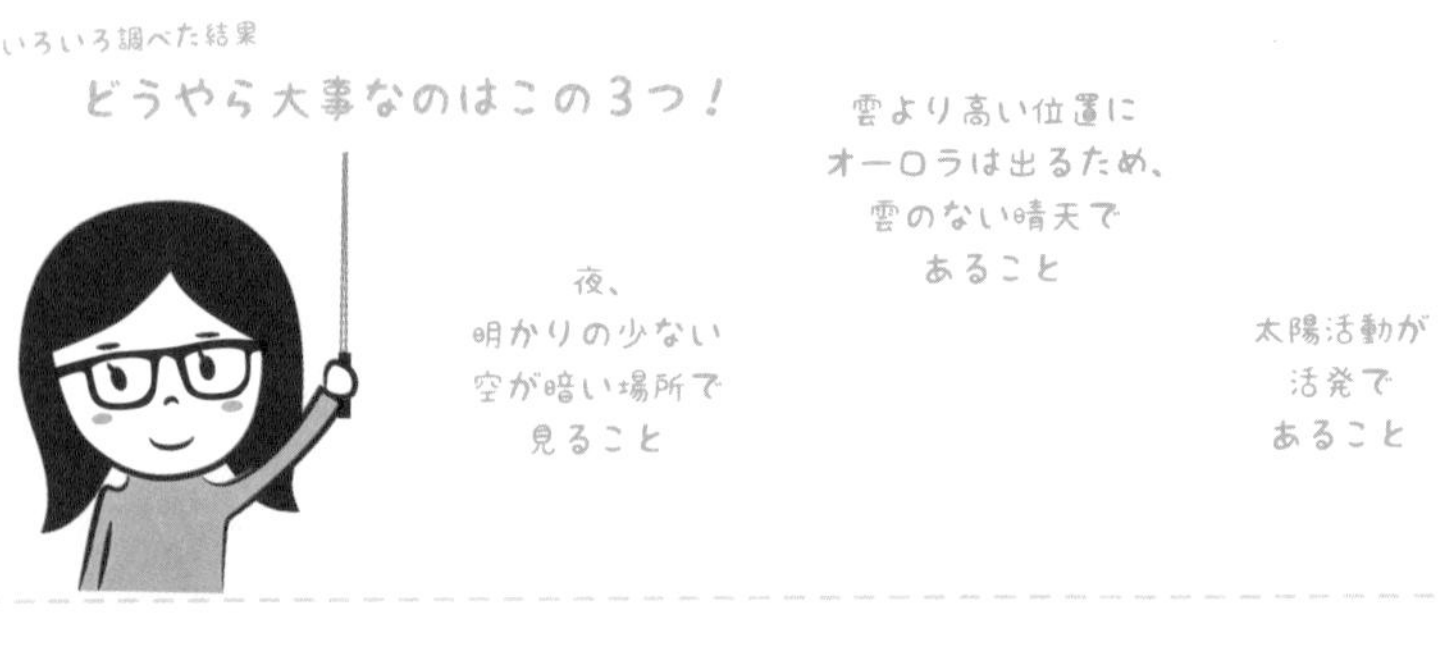

いろいろ調べた結果
どうやら大事なのはこの3つ！
夜、明かりの少ない空が暗い場所で見ること
雲より高い位置にオーロラは出るため、雲のない晴天であること
太陽活動が活発であること

オーロラ以外にも楽しみがある
ワイワイ楽しいモイモイ号

ホテルでピックアップしてもらって、バスに乗り込みます。じつはもうなんとなく気づいてはいたんですが、夕方からものすごく曇っていました。バスのガイドさんも「今日は雲がありますが諦めずに行きましょう！」とモイモイ乗客たちを元気づけてくれました。

真っ暗なので全然どこへ向かってどこで降りたのかわからなかったんですが、湖畔のロッジに連れてきてもらいました。中は温かいクランベリージュースやクッキーなどが準備されていてホッコリ〜。ここで暖をとりながらオーロラ出現を待ちます。

そしてマッカラ（ソーセージ）と突き刺し棒も手渡されました。「焚き火で焼いて食べてくださいと」のこと。夢中でソーセージを焚き火で焼いていると、雲におおわれた夜空のことなど完璧に忘れてしまいました。焚き火でソーセージを焼くって、楽しい！

集合！

ホテルでバスに乗り込み

雪原のロッジでほっこり

待ち時間にソーセージを焼く

（オーロラ鑑賞は、そんなに簡単じゃない？）

結局、オーロラ現れず！

ホテルの出発前から薄々は気づいていました。ここまで曇っているとまぁ見られないだろうなって。しかし先人たちに言われていたとおり、真っ暗な夜空を見上げていると雲がだんだんオーロラに見えてくる。ああ、これが心の目で見るオーロラなのか。

　モイモイ号にはかなりの人数が参加しているので、ほかのみなさんの目も次々に錯覚を起こし始めているようで、「あああ！」「……あ、雲か」と声を上げる人もたくさんいて、その度にわたしの目にもバンッとオーロラが見えているような気がしていました。

　もうオーロラを完全に諦めたおじさんたちが焚き火をかこみながら、これまで行った外国の話や、今回でオーロラツアー5回目だけどまだ見れない（かわいそー！）残念な話などをしています。そんな会話を燃え盛る火をうっとり見つめながら聞いていたら、あっという間にツアー終了。残念ながらオーロラは見られませんでしたが、オーロラツアーがこういうものかとわかったこと、そしてラップランドへ行ったからって簡単に見られるものではないということが、よくわかりました。

結局、オーロラを見る夜ではなく、焚き火をかこむ夜となりました。でも焚き火をじっとながめているのはすごく気持ちがいい！

（まさかのワンチャン？）

帰りの飛行機が最後のオーロラチャンス

じつは、日本を発つ前にある情報をゲットしていました。「日本への帰りの飛行機で見られるかもよ」というサプライズ。思い出してみると、オーロラを見るポイントは、①太陽活動が活発であること、②雲がないこと、③空が暗い場所で見ること。①の太陽活動が活発でオーロラさえ出ている状況であれば、ヘルシンキから日本に帰る便は夜だし、飛行機は雲の上を飛びますから②と③は楽々クリア。これは帰りの飛行機でオーロラ・ワンチャンあるかも！　とワクワクして乗り込みました。

①進行方向、左側の窓側の席をとる、②最初のご飯を食べ終わった頃がちょうどオーロラ時間。機内が暗くなってもまだ寝ないで！　③ちょっとあやしげだけど毛布をかぶるとより見やすい！

結果、見えました！　遠くのほうでゆらゆらぼんやりしたオーロラが現れたときは興奮しまくり！

飛行機でオーロラを見るために

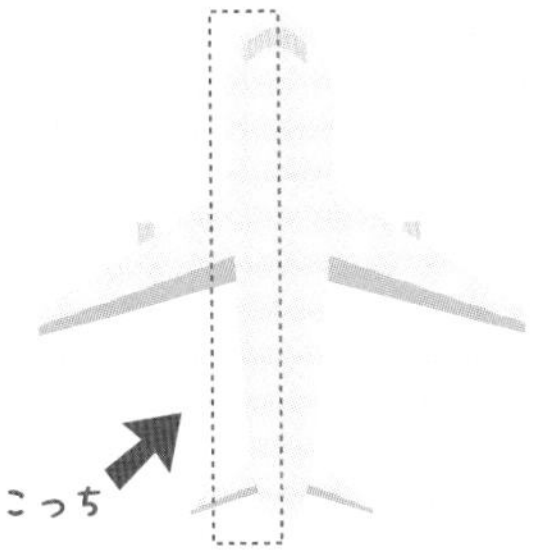

進行方向、左側の窓側の席をとる。

最初のご飯を食べ終わった頃が
ちょうどオーロラ時間。

あやしげだけど毛布を
かぶるとより見やすい！

COLUMN

MOTHER-DAUGHTER WEEKEND TRIP

母娘フィンランド旅のすすめ

（フィンランドのサウナ体験から母もサウナに目覚める！）

母とは何度も一緒にフィンランドを旅しています。思えば、まだ10代だったわたしにフィンランドのことを教えてくれたのも母でした。母のはじめてのフィンランド旅は、60歳を過ぎてから。それでもエスプラナーディ通りを颯爽と歩き、サーモンスープやニシンを屋台で食べ、フィンランド人と一緒にサウナに入り、タオル1枚で道端で外気浴をし、ヌークシオの森で一緒にスモークサウナも経験しています。フィンランドは、地元の人が普段楽しんでいることを、どんな人であっても同じように体験させてくれる国。

あるとき、ヘルシンキ行きの飛行機で、前の席に母娘が座っていました。2人はフィンエアーのマリメッコのカップやナプキンに感動したり、ここへ行こうと話し合ったり、譲り合って窓の外を見たり。旅がはじまる前からすごく楽しそうで、聞いているこっちまでワクワクしてしまいました。ヘルシンキでも母娘という組み合わせの日本人旅行者を見かけることが多いです。フィンランドは親子が旅して、体験して、また一緒に行きたいねと思わせてくれるやさしい国なのです。また母とフィンランドへ行きたいな。

CHAPTER

4

ディープなフィンランド

何度訪ねても深く掘り下げられるのがフィンランド。今回は湖水地方へサウナ旅。タンペレで国内最古の公共サウナに入り、ユヴァスキュラ郊外の秘境サウナでととのいすぎて、幸せとは何かを悟る旅になりました。

TAMPERE + JYVÄSKYLÄ

もっとディープに、そしてストイックな場所へ

ヘルシンキにも慣れて、ちょっと郊外にも電車で行けたし、飛行機でロヴァニエミまで行っちゃったし……。でもまだまだ深く掘れるのがフィンランド。わたしはさらに掘ってみました。3度目はヘルシンキ飛ばしで、ディープにストイックに攻めてみました。

フィンランド最古の公共サウナに入る！

サウナが好きでフィンランドへ行き始めるとちらほら「タンペレ」といういう街の名前を聞くようになりました。タンペレはフィンランド公認の「サウナキャピタル」だからです。というのも、フィンランド国内でもっとも公衆サウナが多い都市だからなんですね。さらには、フィンランド最古の公共サウナがあるのもタンペレだそう。サウナ好きとしては、行ってみなきゃということで、サウナだけ旅の目的地はタンペレに決定！

タンペレへの行き方

VRで行く
VR

中央駅から出発！

ヘルシンキ中央駅からタンペレまでは、フィンランド鉄道VRで、乗り換えなしでいけます。価格は14ユーロほど（時期や時間により変動します）で、所用時間は約１時間半〜２時間。１時間に１〜３本ほどの列車が出ています。チケットは、駅のカウンターや自動券売機で買えるほか、ネットでも購入可能（www.vr.fi）。HPには英語表記もあり、比較的手順も簡単。メールで電子チケットを受け取り、当日はスマホ画面を表示すればOK。

VRの公式サイトから予約。英語ですが、行先と時間を選んで支払いするだけなので、ハードルは低めです。

バスで行く
BUS

移動費用をなるべく安く抑えたいなら、バスで行くのがおすすめ。時間帯にもよりますが、早めの予約なら価格は5.7ユーロ〜。バスは２種類あり、予約必須のOnnibus（２階建ての赤いバスで、予約はhttps://new.onnibus.com/etusivuから）もしくは当日にターミナルや車内でもチケット購入可能なMatkahuolto（白い大型長距離バス）があります。共にKammpi駅にある、カンピショッピンセンターの地階のバスターミナルが出発点です。

タンペレってどんな街？

ムーミン好きならぜひ訪れたいのが、ムーミン美術館のあるタンペレ。作者であるトーベ・ヤンソンが寄贈した原画や五感で楽しむ仕掛けがあり、見所がいっぱい。最古のサウナや公衆サウナが多数あり、別名はサウナキャピタル。湖沼巡りの観光船の出発点でもあり、工業で栄えた第２の都市でありながら、自然あふれる穏やかな雰囲気。ヘルシンキからは、東京から大阪に行く感覚で日帰り旅行も。

（新幹線より楽しい!?）

長距離列車、VRに乗ってみる

VRは指定席だと安心。印刷したチケット、または駅で買ったチケットに車両番号と座席番号が書いてあるので自分の席を探して座りましょう。乗るときも降りるときも改札はなし。座席に回ってくる係の人にチケットを見せて、QRコードをピッとしてもらえば、それで完了。日本の新幹線に近いですが、食堂などもあって楽しいです。

上／これがVR、新幹線のような感じです。左／フィンランドが誇る森や湖がデザインされています。

網棚に
載らなければ
荷物はデッキへ

上／気をつけたいのは荷物。飛行機の機内持ち込みサイズのスーツケースなら上の荷物棚に載せられますが、それ以上のサイズは目の届かないデッキに置くことになります。左／自転車も一緒に乗れて置く場所もちゃんとあります。

これなら旅先で
サイクリングも

VRさえ乗れたら
フィンランド中
結構どこでも
行けちゃう！

コーヒーもしっかりあります。

食堂車の入り口。イラストがかわいい。

はい、もちろんビールも。アルコールは自分の席に持ち帰らず、食堂車で飲むように言われました。

気軽に
ゆったり
まったり

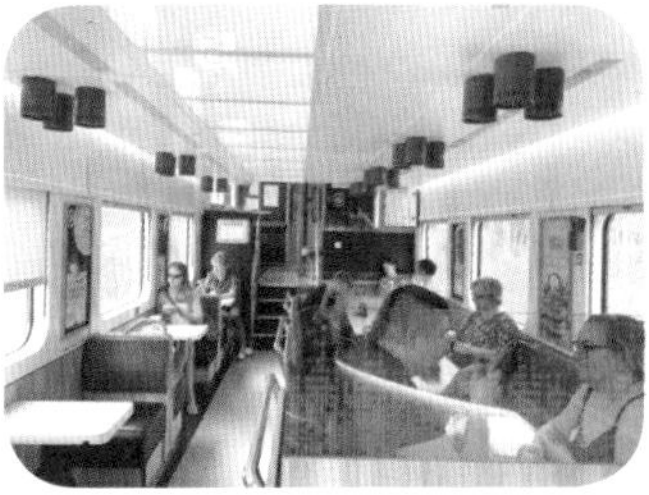

買ったらここで座って食べられます。

サンドイッチやシナモンロールから
結構ちゃんとした食事まであります。

楽しい足形
を発見！

キッズ車両もあって、
子どもはこの上で遊べます。

約2時間、車内を
満喫すると到着！

伝わる旅の英語フレーズ　使い方を教えてください。 How do I use this?（ハウ　ドゥ　アイ　ユーズ　ディス？）

（ヘルシンキよりコンパクトで回りやすい）

森と湖にかこまれた第2の都市・タンペレ

フィンランド第2の都市とは思えないほど穏やかでのんびりした雰囲気。午前中にムーミン美術館を満喫したら、腹ごしらえして公共サウナに向かおう。

最古の公共サウナ・ラヤポルティ、湖にドボンできるラウハニエミなど20以上のサウナが楽しめます。

合間には、ピューニッキタワーに。間近に迫る大自然を一望できるほか、地元の人が世界一おいしいというドーナツが味わえます。

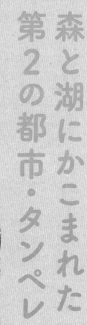

TAMPERE

タンペレ
地図

PYHÄJÄRVI

ナシンネウラ・
タワー

SAUNA

ラヤポルティ

フィンレイソン

ピューニッキ
展望台

クーマサウナ

**PYYNIKIN
NÄKÖTORNI**

**SAUNARAVINTOLA
KUUMA**

伝わる旅の英語フレーズ　どうやってサウナのスイッチをオンにしたらいいですか？ How do you turn the

貴重な展示物でいっぱい

ムーミン美術館
MUUMIMUSEO

①美術館前の公園にはムーミンの銅像が佇んでいます。②さぁ、入り口です。撮影はココまで。③記念撮影はココで。

貴重な展示物でいっぱい
「ムーミン美術館」

タンペレ駅にほど近い、タンペレホール内にある美術館。トーベ・ヤンソンが描いたムーミンの12の物語に沿って部屋が構成されており、400点にも及ぶ貴重な原画や名シーンを再現したミニチュア、光を使ったインタラクティブな仕掛け、映える撮影スポットなどがあります。ここだけの限定グッズや、ムーミンの消印が押される「黄色いポスト」も。

INFORMATION

住：Yliopistonkatu 55 タンペレホール内　交：タンペレ駅徒歩10分　営：火水9:00～17:00、木金9:00～19:00、土日10:00～17:00　休：月（その他特別休館日あり）
URL：muumimuseo.fi　料：13ユーロ

ピューニッキのドーナツ
PYYNIKIN MUNKKIKAHVILA

①街の人に昔から愛される古き良き雰囲気。②コーヒーと一緒に食べるドーナツはやっぱり最高！③「ドーナツは心をほぐす」みたいな意味らしいです。

（おいしいものはやっぱり外せない）
「世界一のドーナツ」を食べに

丘の上の展望台にある
タンペレの名物スウィーツ

広大な森や湖、市街地を一望できるのがピューニッキ展望台です。自然公園に囲まれているので、お散歩がてら訪れるのもおすすめ。展望台の1階には「世界一おいしいドーナツ」とも評される、ピューニッキドーナツカフェがあります。国産の食材だけを使った、40年前から変わらぬレシピのドーナツは、揚げたてが絶品です。

INFORMATION
住：Näkötornintie 20　交：市バス8,17,20,29番で Ammattikoulu下車、徒歩9分　営：9:00～20:00（サマータイムは9:00～21:00）　休：月　URL：https://www.munkkikahvila.net/en　料：展望台2ユーロ　ドーナツ1.5ユーロ～

伝わる旅の英語フレーズ　サウナ室の鍵をいただけますか？ Can I get the key to the sauna?（キャナイ　ゲット

まずは最新都市型!

KUUMA《クーマ》

①スモークサウナもしっかり温まっています。②リストバンドでロッカーを開け閉めします。③タンメルコスキ川をながめながらデッキで食事。

のんびりサウナを楽しんだ後は 川を一望できるバーで一杯

KUUMAはフィンランド語で「熱い」という意味。サウナとレストランが一体化したおしゃれな空間で……ってこれ、なんかデジャブ感がありません？　それもそのはず、こちらヘルシンキの都市型サウナLÖYLY（ロウリュ）と同じ経営者さんのサウナ。タンペレのサウナは、日本のスパ施設のようなリストバンドでロッカーをあける仕組みになっています。そしてLÖYLY同様、薪サウナとスモークサウナがあり、目の前の湖に浸かれるようになっています。

INFORMATION

住:Laukontori 21　交:タンペレ駅から徒歩15分　営:月11:00〜14:30、火12:00〜21:00(水・木〜22:00、金〜23:00)、土15:00〜23:00　休:日　URL:saunaravintolakuuma.com/　料:10〜15ユーロ　サウナは薪サウナとスモークサウナの2種類。水着を忘れずに!

湖にドボン！

RAUHANIEMI《ラウハニエミ》

①ジャンプ台から飛び込むもよし。②みなさん気持ちよさそうに外気浴してます。③つぎつぎと湖に飛び込む湯気をまとった地元の人たち！

ローカル感たっぷり！
地元の人に混じって、湖に飛び込もう

森を抜けると現れる「黄色」が目印のラウハニエミのサウナ。湖のほとりに建っているので、体に湯気をまとった人たちが、ドボンドボンと湖に入っていくのが見えます。金曜の夕方に行ったのですが、仕事を終えた人たちが続々と集まってきてサウナは超満員。みなさん容赦なくロウリュするので耳がとれそうでした。おかげで湖に飛び込むのも気持ちが良く、公共サウナで地元の人たちに混ざって一緒にサウナを楽しむ楽しさと相まって、とっても気分が良かったです。

INFORMATION

住：Rauhaniementie 24　交：市バス2番で終点のRauhanieme下車徒歩5分　営：月・水・木15:00～20:00、火・金15:00～20:30、土・日13:00～20:00　休：なし
URL：rauhaniemi.net/in-english/　料：7ユーロ
サウナは男女共用＆湖。水着を忘れずに！

伝わる旅の英語フレーズ　ここは水着着用ですか？ Should I wear bathing suits here?（シュダイ　ウェア　ベイジン

フィンランド最古！

RAJAPORTTI《ラヤポルティ》

①100年以上続くサウナの外観はなぜかとてもかわいらしい。②おどろおどろしい！　でも最高のコンディション。③右が男性、左が女性。フィンランド語しかないのでご注意。

1906年から続く最古のサウナは
温度も湿度もパーフェクト

中に入るといやいや、おどろおどろしすぎるでしょ（笑）。もはや怖いくらいでですが、温度、湿度、空気の滑らかさは、すべて100点満点。サウナのストーブが男女つながっているので、男性側がロウリュすると女性側にもものすごい熱気がやって来るブラインド・ロウリュ！　突然やってくる熱波に笑いが止まりません。一番楽しみにしていたサウナなので感無量。バスタオル姿で外気浴しながら、地元の人とビール片手に話すのも最高に楽しい。タオルはレンタルできます。

INFORMATION

住：Pispalan valtatie 9　交：市バス2番で終点のRauhanieme下車徒歩5分。　営：月・水18:00～22:00、金15:00～21:00、土14:00～22:00　休：火・木・日
URL：http://www.rajaportinsauna.fi/index.ja.php
料：月・水6ユーロ、金・土10ユーロ　水着持参。

こだわりの上級者向け

FRANTSILA《フランシラ》

①あこがれのフランシラのサウナ！②気温5度の中フィンランド人のお友達と外気浴。③ぐるぐる歩きながら瞑想するためのサークル。すごい！

心も身体も癒される！
オーガニックコスメ「フランシラ」直営サウナ

タンペレ郊外に日本でも人気の「フランシラ」のハーブ農園があります。ハーブ園の中にはショップ（日本の価格より8割くらいは安いかも!?）や宿泊施設があり、ヨガや手作りコスメなどのワークショップもおこなわれています。そして、もちろんサウナもあるんです。パックやスクラブなどフランシラ製品を実際に使ってサウナに入れますよ。ここは、自分で行くのは難しいので、旅行会社にお願いするのが◎。

INFORMATION

住：Tippavaarantie 6　交：旅行会社に手配してもらうかレンタカーで。プログラムについてはフランシラの担当者に相談してください。
anna.karhucormier@fransila.com
URL：https://frantsila.com/en/

伝わる旅の英語フレーズ　先にシャワーをしたほうがいいですか？ Do I shower first?（ドゥーアイ　シャワー　ファ

（つぎは天国のようなサウナがあるユヴァスキュラへ）

アアルトを知り、ピンクの湖に浮かぶ

タンペレで散々サウナに入り尽くして大満足。そこで、次の目的地ユヴァスキュラに向かいます。今となってはスラスラと「ユヴァスキュラ」と言えますが、最初はフィンランド語で書いてあるのを見てもなんのことやら。「ジャイヴァスカイラ？　読めへん（笑）」となっていました。でも、だんだん口がユヴァスキュラに慣れてくるから不思議です。

さて、ユヴァスキュラへ行く目的は「ユヴァスキュラ郊外に天国のような森のサウナがある」、とある人に教えてもらったからです。そこは本当にサウナ以外何もないような場所らしい……。

まずは、アルヴァ・アアルトが愛した街として名高い、ユヴァスキュラ市内で街をブラブラ。フィンランド好きとしては、アアルト建築も抑えておくべきでしょってわけで、街でワンクッション置いてから、我が天国へ向かいます。

ユヴァスキュラ
JYVÄSKYLÄ

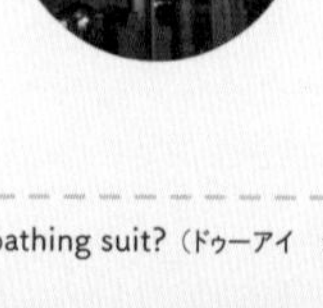

140km
約2時間

my bathing suit?（ドゥーアイ　シャワー　アフター　プティング　オン　マイ　ベイジングスーツ?）

ユヴァスキュラ
ってどんな街？

豊かな森と湖に囲まれたユヴァスキュラは、フィンランドの名匠アルヴァ・アアルトが幼少期に移り住み、生涯愛した場所です。ヘルシンキに拠点を移してからも、サマーハウスやサウナを持ち休暇を楽しんだほか、労働者会館や市民プール、市立劇場などたくさんの公共施設を設計しました。北欧デザイン好きなら、今なお現役で使われているアアルト建築巡りもおすすめですよ。アアルト博物館は早足でアアルトの全貌をチェックできます。

ユヴァスキュラ大学
★　　　　★ 駅
アアルト博物館
★

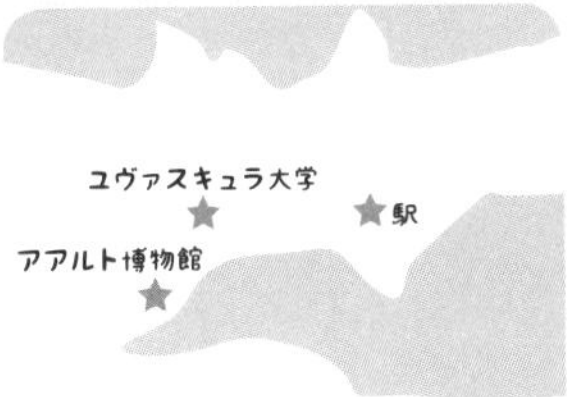

アアルトが初めて設計した公共施設「労働者会館」です。アアルトがまだモダニズムにたどりついていない1925年に完成した建築なので、イタリアっぽさがあります。そしてなんともシュールだなと思ったのは、アアルトの有名な労働者会館なのに、1階はナイトバーになっていました（笑）。

伝わる旅の英語フレーズ　水着を来てからシャワーをしたほうがいいですか？ Do I shower after putting on

知ってから見ると全然ちがう!

建築・デザインの巨匠アアルトを知る

©Artek

ALVAR AALTO
アルヴァ・アアルト

こちらはヘルシンキの中心部にあるアルテックの路面店。

アアルトの代表作は

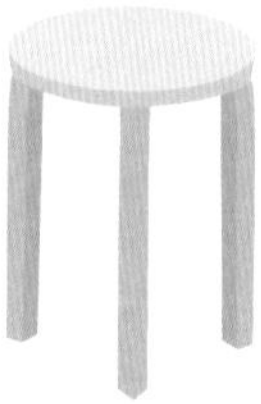

artek スツール60

1920年代から曲げ木の開発に取り組み1933年にようやく完成させた。

ittalaのアアルトベース

「世界で一番美しい花瓶」と評されます。イッタラの工場にて手吹きで製作。

アルヴァ・アアルトの名を聞いたことがなくても、デザインはきっと目にしたことがあるはずです。

そしてアアルトが妻や仲間4人で設立した会社が、アルテックです。「家具を販売するだけでなく、展示会や啓蒙活動によってモダニズム文化を促進すること」を目的に作ったというから、恐れ入ります。イッタラ、アラビアはもちろん、ペンダント・ランプや木を曲線にしたチェアなど、私たちがよく知るフィンランドデザインの商品はアルテックのものが大多数。そのすごさ、うなずけるでしょ。

（建築好きでない人もファンになっちゃう）まずはアアルト博物館でお勉強

アルヴァ・アアルト博物館
ALVAR AALTO MUSEO

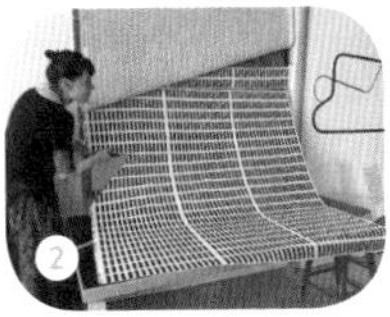

①アアルトの代表的な椅子たちが展示されています。②アルテックの生地を買いました。③アアルトが発明した木を曲げる技術。④こちらが入り口。

北欧デザインを自然に学べ、
よりアアルトが好きになる！

博物館の建物は、アアルト自身の設計によるもので、建築模型や図面など活動の軌跡に関する展示や作品が飾られていて勉強になります。サマーハウスの見学予約などもでき、ユヴァスキュラのアアルト建築巡りの拠点にも。博物館のショップで買ったアルテックのシエナという柄の生地（左下の写真）で化粧ポーチをつくりました！

INFORMATION

住：Alvar Aallon katu 7　交：ユヴァスキュラ駅から徒歩約25分　営：火～日11:00～18:00（10:00～のときもあり）　休：月　URL：https://www.alvaraalto.fi/en/location/alvar-aalto-museum/　料：6ユーロ　アアルト夏の家を見学する場合は、メールで事前予約を。museum@alvaraalto.fi

（キャンパス全体がアアルト作品？）

ユヴァスキュラ大学はアアルト建築の宝庫

木製の三角トラスが切妻屋根の山小屋にいるような気分。片側の壁がハイサイドになっていて上部から自然光が入ってくる空間構造。中庭に面した壁はガラス窓で超開放的。レンガ壁との対比がザ・アアルト建築。

アアルトのことをちょっと勉強したら、ユヴァスキュラでは実際に彼の建築がすぐに見られます。実はユヴァスキュラ大学はアアルト建築の宝庫。でも知識なしにいくとただの「タテモノ」になってしまうので、ここは強力な助っ人をお呼びしました。ユヴァスキュラ大学で文学の修士を首席で卒業したこばやしあやなさんです。ユバスキュラ在住で、わたしもアアルトのことはあやなさんから教えてもらったことばかり。特にユヴァスキュラ大学ではあやなさんの説明のおかげで「ほう〜、へ〜」のオンパレードで楽しめました。

それでは、あやなさんに大学内のアアルトポイントを教えてもらいましょう。アアルトの建築の光の使い方、家具へのこだわり、曲線や直線の美しさは、わたしのように建築に詳しくなくても十分に楽しめます。

ユヴァスキュラ大学は、各時代の一流建築家がそのときどきに手がけた建築なので、キャンパス自体がひとつの建築史博物館みたいなものです。

教えてくれるのは

こばやしあやなさん

修士論文テーマはフィンランド公衆サウナ。著書は『公衆サウナの国フィンランド』。

C-BUILDING

オーディトリウム
ペンダントライトが星空
みたいでおしゃれ。

正面玄関は徐々に天井が低くなってオーディトリウム入り口へと奥まっていくようになっています。だんだん聖域に向かって空間が絞られていくイメージ。

前方端っこの席に
座ったら黒板が
見えない！
1

2

3

①この写真では遮光カーテンが降りていますが、開けると後ろのハイサイドの窓から自然光が流れ込んでくるようになっています。②天井にある繭の形のスカイライトが有名。アアルトは円形のスカイライトはよく用いるけど、ここはなぜか繭形なんですよ。③本棚の位置に段差をつけて、鉢状の空間のボトムに閲覧・自習机を持ってくるのは、アアルトの図書館建築の基本。

アアルト建築に興味がある方は、ユヴァスキュラであやなさんのツアーに参加すると、卒業生しか入れないマニアックなところまで連れて行ってくれますよ！
Webで検索してみて→　マイスオミ　ユヴァスキュラ・アアルト建築ツアー

（地球で一番のサウナかも？）

教えたいけど教えたくない秘境サウナへ

さて、本命の目的地へ。それはユヴァスキュラからVRで東に20分ほど行ったところにある街、というか村「ハンカサルミ」。フィンランド人に地名を言っても「うーん。どこ？」という反応が返ってくるマイナーな場所です。向かったのはそのハンカサルミにある「レヴォントゥリ」というリゾートで、ひとことで言えば「隠れ天国」。たくさんの人に天国を味わって欲しいと思いつつ、教えたくないような気も。でも教えます！「レヴォントゥリ」は直訳すると「きつねの火」という意味で、オーロラのことを指すそう。聞くと、雪の上を駆け回るきつねのしっぽが雪に触れるたびに火花になり、それが夜空に舞い上がってできたのがオーロラという言い伝えがあるんだとか（諸説あり！）。

目の前には湖が広がり、街の明かりもなく、空が開けていて、フィンランドでは最南のオーロラスポットと言われているそうです。運が良ければ、この湖の上にバーっとオーロラが出現します。寝ながらでも見られるように、イグルーが湖に向かって建てられているから、極寒の中、野外でオーロラの出現をひたすら待たなくてもオーロラ観測ができちゃいますよ。

夏でも冬でも季節がかわろうが人いない！

一応駅があります。

①この桟橋から湖にドボン！②憧れのイグルーホテル。③寝ながら空と湖を見渡せます。④これは極夜中の朝9時。明け方みたいです。

（しあわせな心に必要なもの）

人生観が変わったピンクの湖

ここレヴォントゥリには、2章で説明した3種類のサウナがすべてあります。

電気サウナ

薪サウナ

スモークサウナ

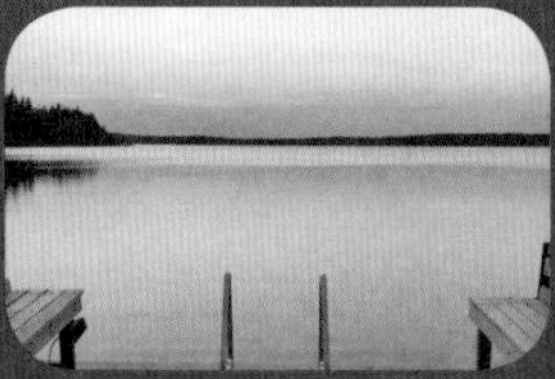

時間ごとに姿を変えるレヴォントゥリの湖。季節が変わるともっと変わります。冬なんて、全部凍って湖の上に立ってコーヒーまで飲める。

やはりレヴォントゥリのスモークサウナは、噂に違わず地球で一番でした。入るとすぐに木のいい香りと柔らかい空気がふわりと顔をかすめます。スモークサウナの中は、足元にうっすらと光が漏れているくらいでほぼ真っ暗です。視覚に余計な情報が入らないので、自分と向き合うことができる空間です。ロウリュすると一気に温度が上がるため、オーナーさんが何時間もかけて温めてくれていたのがわかり、感謝の気持ちで心も身体もじんわり。薪サウナやスモークサウナを知ってからは、サウナを準備してくれる人のことを想像できるようになりました。

モノじゃなくて
心と身体で感じる幸せが
大切なのかも

身体が芯からじっくり温まったら、目の前の湖へ。湖の水は飲んでもまったく問題ない水質レベルだそうで、わたしは飛び込んでそのまま飲んじゃいました。もう自分が湖に入っているのか、わたしが湖なのか、わからない状態！

　夕焼けでピンクに染まったレヴォントゥリの湖に浮かびながら考えていました。「フィンランドはどうして世界で一番幸福な国なんだろう?」と。これはもしかすると、フィンランド人がこうして森の中でサウナに入り湖に飛び込んで、心が洗われ、身体が気持ちいいと思うことを幼いころからやっていて、心と身体で感じる幸福こそ一番なんだってわかっているからなのかも。それが世界で一番幸福な国である秘訣なのかも……。

　モノを買うことで得られる喜びやキャリアで得られる達成感はもちろん気持ちのよいことですが、それは浮き沈みのある幸福感だし、置かれた環境やほかの人の影響で変わってしまいがちです。しかもモノに頼るしあわせは、心と身体が喜ぶことを感知する力を鈍らせてしまうような気がします。何をしあわせと感じるかは、人の評価や外側からの影響ではなく、心と身体が自然に感じることにゆだねると、自分の内側から感じられるようになるんじゃないかなと思いました。

　女性のうつくしさも同じで、着飾ったり塗ったり貼ったりよりも、心が健やかでうつくしくあれば内側からきっとキラキラしてくるんだと思うんです。

日々生きていたら、楽しいこと、嬉しいこと、ワクワクすることはたくさんあるけれど、やはり悲しいことやつらいこと、痛いことだってあります。そんなとき、自分の心と身体がその痛みを解放する方法を知っていたら、すごく楽になるなんじゃないかと思います。前はわたしも悩んだり、苦しんだりしていましたが、いまはサウナのおかげでとっても楽です。とは言っても、フィンランドみたいに自然の中のサウナや湖にすぐに行けるわけではないので、日本の建物の中のサウナへ行くわけですが（笑）。自然の中で得られるフィンランドの人々の心の豊かさを日本にいるわたしたちが少しでもとり入れられたら、生活の質が変わるかもしれません。

レヴォントゥリのあかね色の湖でそんなふうに感じてからは、いままでも日本で相当サウナに行っていましたが（笑）、悩むことがあったら、すぐにサウナへ行って悩むこと自体をストップすることにしています。だって悩んでいる時点でどっちでもいいんだから、もう考えるのをやめちゃえば、なるようになるんですよね。頭よりも心が好きなことを好きだと認める、心が健康であれば、身体も健康になる、そしたら内側からキラキラしてくる。そんなふうに思えるようになりました。

　ここレヴォントゥリは、まさに心の洗濯ができる場所。わたしの悩みやモヤモヤを一気に洗い流して真っ白にしてくれました。

　あ～、また行きたい!!

CHAPTER

5

人生で大切なことを学んだ

「この目で絶対にオーロラを見る！」と準備万端で挑んだはずが、まさかのトラブルに遭遇。半泣きのわたしに友人がかけてくれた言葉で、大切なことをもう一度学ぶことに。そして、目の前には最高のオーロラが。

INARI IN LAPLAND

フィンランドに来たらやっぱり……

絶対オーロラが見たい！

オーロラを見るには
どうしたらいい？

達人に聞く！

北欧旅行
フィンツアー
三輪哲也さん

社内外から“オーロラ王子”と呼ばれるフィンツアーのオーロラ観測のスペシャリスト。スウェーデンやフィンランドのオーロラ観測地に6冬駐在。現地のオーロラ観測ツアーのガイドも担当。

オーロラが出る日って予感とかありますか？

長くこの仕事をしているので、その日になればどうなるかっていうのを、ある程度予測できるようになりました。天気の様子や太陽の活動を見てどれくらい期待できるのかを見るようにしています。ですが、オーロラは複雑なメカニズムの自然現象なので、難しいこともあります。

オーロラを見るための大切なことってなんでしょう？

運が良ければすぐに見られますが、苦労や忍耐が必要なこともあります。たとえ天気が悪くても変わることも多いので、2～3時間で諦めてしまうと見逃してしまいます。天気予報が曇りで実際に曇っていたとしても、急に晴れ渡ってオーロラが見えたということを何度も経験しているので、とにかく諦めないことが大事だと思います。オーロラ自体、晴れていてもなかなか出てこないこともあります。「相手は自然なので思いどおりにならない」という心持ちでいなければいけません。とにかくすぐに諦めないことが大事です。長い時間外にいることになるので、防寒もとても大切です。

一番大事なポイントは
「諦めない心」

オーロラに一番いい時期っていつでしょう？

フィンランドは北部が発生頻度の高い地域で、9月～3月の暗い時間に観測できます。その期間なら観測チャンスが大きく変わらないので、旅の時期を決めるならオーロラ以外の要素が大事。犬ぞりなどのアクティビティや本場のクリスマス、雪景色などを体験したいなら冬で、秋の落ち着いた雰囲気や景色も魅力的。個人的には3月と9月が好きで、日が長く、きれいな景色を長く楽しめます。

ロヴァニエミでもレヴォントゥリでも見られなかったオーロラ。あまりに夜空を見すぎて、目が錯覚を起こして心で見られるようになってきました。でも、「やだやだ、本物の目でオーロラが見たい！写真を撮りたい！」というわけで、今回はオーロラだけの旅の計画を立て始めました。

今回見られなかったら一生縁がないと諦めるつもりで計画、オーロラだけの旅なので、プロにアドバイスをいただくことに。北欧旅行フィンツアーの三輪哲也さん。現地のオーロラ観測ツアー（キートス・オーロラハンティングツアー・レヴィ）を立ち上げ、日本からのオーロラツアー同行時は１００％観測に成功しているそうです。

まとめ

オーロラ王子、
三輪さんの
手にかかれば
こんな写真が!!

(1) 秋。9月の終わり〜10月中旬。

(2) できるだけ北へ（イナリ、サーリセルカ、レヴィ）。

(3) 最低でも3泊〜4泊。

(4) そして一番大切なのは、運と諦めない心、そして防寒！

とはいうものの
やはり天気と
運のみ！

私のプランはこれ！

ココ！

INARI

LAPLAND

★
ROVANIEMI

よーし、
決めた！

HELSINKI

というわけでINARIに決定！
とにかく北へ！

MY PLAN

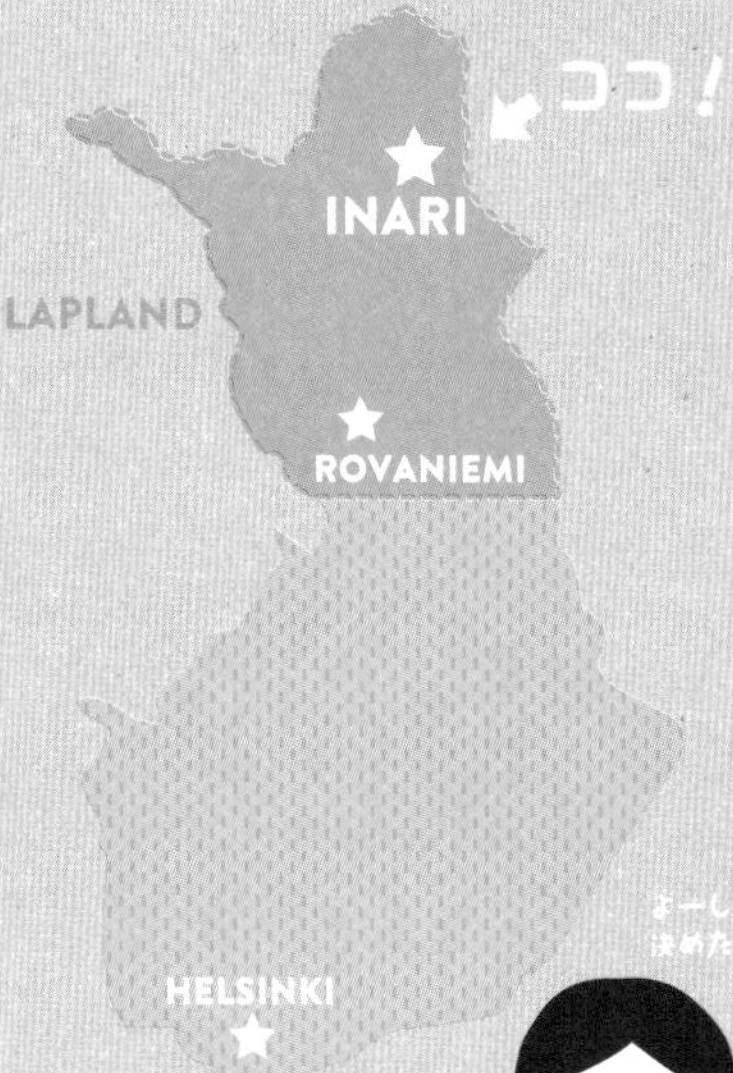

→9月末
これまでオーロラチャレンジした
のは10月末〜冬だったので
今回は繰り上げて9月末に決定。

→2泊
2泊はちょっと心配だけど、見
れた場合、残りの日は何もする
ことがないので思い切って2泊。

→イグルー部屋
ガラス張りのイグルー部屋があ
る施設に泊まって寝ながらオー
ロラチャンスを待てるように！

→サウナ
せっかくならオーロラを見なが
ら（じゃなくても！）サウナに
入れる場所。

→目の前に湖
そしてサウナからすぐにドボン
できる湖があること。

伝わる旅の英語フレーズ 湖に飛び込んでもいいですか？ Is it ok if I jump into the lake?（イズ　イット　オーケー

オーロラ旅に持って行ったモノ

普通の冬の準備以上？

JACKET《上着》

スキージャケットの下にインナーダウンを重ね着。ダウンの場合も、風を通さないように重ね着を。

GLOVES《手ぶくろ》

フィンランドの寒さは想像以上。革製だと凍ってパリパリ割れるかヒビが入るので、毛糸のものを。

HAT《帽子》

待ち時間、耳がちぎれるように冷たくなります。耳をカバーしてくれるタイプの帽子は必須。

SCARF《マフラー》

首元から風が入らないように、マフラーはしっかり。解けず扱いやすい、スヌードもおすすめ。

BOOTS《ブーツ》

ムートンブーツで雪の上を歩くと、ブーツが濡れて冷えるので、防水スプレーを忘れずに。

SOCKS《靴下》

ヒートテックの靴下を履くか、２枚重ねがおすすめ。靴に入れるタイプのカイロも必須。

HEATTECH《ヒートテック》

ヒートテックは重ね着すると、オーロラ待機中に熱がこもって汗をかいてしまうので注意。

HEAT PACKS《カイロ》

カイロは貼るタイプをたくさん持って行きました。腰に貼っておくと全身暖かくなります。

APP《アプリ》

オーロラ観測アプリ「Aurora」。場所を設定すると、出現率や予報も！

TRIPOD《三脚》

長時間の露光が必要なオーロラ撮影は、三脚が欠かせません。カメラと一緒にレンタルしました。

CAMERA《カメラ》

オーロラ撮影はやはりカメラで撮りたい、でも把握できないまま買うのがイヤで、レンタルです。

レンタルなら使い勝手がわからないまま買うということもなく、使って気に入れば同じモデルを購入すればいいですしね。

（フィンランドのほぼ最北）

オーロラの聖地？ イナリへ

こちらがヨーロッパ最北の空港。

フィンランドの国内線はこうやって飛行場を歩いて飛行機に乗り込むことが多いような……。

空港内は小さな売店がひとつだけ。

このホテルにしたのはイグルの部屋があること、湖の前にサウナがあることが決め手でした。
ホテルまでは送迎シャトル（有料）かタクシーで40分くらい。空港周辺も何もないのにさらに何もないところへどんどん向かいます。

こちらがお部屋！　ベッドとシャワーがあるだけのシンプルな部屋です。

ベッドに寝転ぶと空！

目の前にはイナリ湖が広がります。

Wilderness Hotel Inari
住：Inarintie 2, 99870 Inari, Finland　交：イヴァロ空港から車で約40分・有料シャトル100.00ユーロ（往復）　URL：https://nellim.fi/inari/

今回は世界各国へ行っているのに、フィンランドだけは行ったことがない友人も同行することに。最初のフィンランド旅がいきなりイナリっていうのもエクストリームだけど大丈夫かなあ。イナリへ行くには、まず飛行機でヘルシンキ空港からイヴァロ空港（2時間弱）へ。イヴァロ空港はヨーロッパ最北の空港です。イナリ湖があり、運がよければ逆さ富士ならぬ、逆さオーロラまで見られるかも!?

伝わる旅の英語フレーズ　この席、使ってますか？ Is this seat taken?（イズ　ディス　シート　テイクン?）

（一筋縄ではいかないわたしの旅）

順調と見せかけて、落とし穴がっ！

ヘルシンキ空港にて……
ヘルシンキ空港のチェックイン
カウンターが予想外の激混み！
チェックインはできたものの、
預け荷物が飛行機に
間に合わないかもしれないと
告げられ……。
ウソ！
チョット　バッグ
ヒコウキニ
マニアワナイカモ！
「とにかく走って搭乗口へ！」
と言われて空港内を爆走！

2時間のフライト中、ずっと祈り続ける
この飛行機にわたし
たちのスーツケース
乗ってますように！
イヴァロ空港で
会えますように！

イヴァロ空港到着……。

Welcome to the Far North
結局待てど暮らせど、
我々の荷物は現れず。

やはり飛行機に間に合ってなかった。
レンタルしたカメラも三脚も
オーロラを見るために
準備したものがすべて届かず。
結果、フィンランド最北の地に
身ひとつで来てしまいました。
涙も出ないほどの絶望。

すると横にいた
友人が一言。
カメラも三脚も借りた
のに！　パンツもメイク
も着替えもシャンプーも
ダウンジャケットも
ビタミンも、なにもない
よおおお。

でも一番大事なのは荷物はなくても、自分たちがここに来られたことでしょ？

わたしはハッとしました。ピンクの湖で悟ったことを完全に忘れていたのです。これだけ何度もフィンランドへ来ていて、「フィンランドはモノに頼らないしあわせの感じ方をわかってる国」と言いまくっていたのに、モノに一番頼っていたのは、わたしでした。しかも本拠地フィンランドで……。オーロラを見るのはカメラではなく自分の目なんだから。

　奇しくもこの荷物事件が、もう一度わたしに大切なことを教えてくれました。そう言ってくれた友人には感謝でいっぱいです。これからもずっと心に残る言葉だったと思います。

預けた荷物が来ない場合は

荷物がベルトコンベアで回ってこなくても、もしかしたら、もう下ろされて隅っこに置いてあるというケースもあります。

やっぱりどこを探してもない場合は、さっさとサービスカウンターへ行きましょう。のってきた飛行機や連絡先などを用紙に記入することになります。

わたしのように自分のチェックインが遅くて荷物が届かなかった場合は、送料は自分持ち。もしくは空港までとりに行かなくてはいけません。航空会社の責任の場合は届けてくれます！

下着がなくて絶望したんですが、裏表で２日いけます！　サバイバルモードに入ると人間、服装は気にならなくなるし、いろいろ工夫しはじめます。何よりもせっかくの旅行です、荷物がなくなったからってバイブスを下げてはいけません。ネガティブもハプニングもすべて唯一無二の経験。お土産話になると思って楽しんで！

伝わる旅の英語フレーズ　ここで写真を撮っても大丈夫ですか？ Is it ok to take a picture here?（イズ　イット

（荷物がなくたってなんとかなる）

オーロラの神様が微笑んだ！

荷物なしでホテルにチェックイン。レストランで食事をしていると「オーロラ、デタゾ！」という叫びが。レストランにいた人全員、食事なんてほったらかしで速攻外に散って行きました。我らも行かねば、と外に出ると、これまで心の目で見ていた薄い雲のようなオーロラではなく、写真で見るまぶしすぎるくらいの光を放つ、本物のオーロラでした。

　オーロラの神様、そしてオーロラ王子、心からキートス（ありがとう）！

　荷物は来なかったけれど、その代わりにこんな特大のオーロラを見せてもらえました。やはり生で見るオーロラは、地球の外から来ているものいう感じで、現実なのに得体の知れない動物のような不思議なものでした。風に吹かれて

寝っ転がりながら
オーロラ見られる日が
来るとは〜涙

いるかのように刻一刻と形と色を変えて動き続けます。

カメラと三脚がなくて泣いてましたが、iPhoneでこんなにきれいに写真撮れました。iPhone様様です。

あまりの興奮で寒さを忘れていたんですが、そう、わたしにはジャケットがない。一旦イグルーに戻ってベッドに寝転びながらオーロラをぼんやり見ていました。すると、また巨大オーロラが出現。今度はイナリ湖の上に手を伸ばせば届きそうなくらいの見事なカーテン状で、

これがあの、逆さオーロラです。もうこれ以上、わたしの運は残っていない、この旅で使い切りました。

伝わる旅の英語フレーズ　何時開店ですか？ What time do they open?（ワッ タイム　ドゥー　ゼイ　オープン?）

（オーロラの次のビックイベント）

ここは天国、イグルーサウナ！

①

②

③

④

①宿泊部屋と同じ形なのでどこにサウナがあるかフロントに聞いてやっと気づく！②中には脱衣所、そしてシャワーもあります。その奥にサウナ！③木のいいニオイ。④ドアを開けるとイナリ湖が目の前に広がるサウナです。

荷物ナシという悲劇を見兼ねた神様がプラスマイナス調整してくれたのか、特大のオーロラを見られた1日目。

　そして2日目はヘルシンキから荷物が届き、2日ぶりに新しい下着を履けてスッキリ〜！　水着もゲットしたのでサウナへ。このホテルに決めた大きな理由であるガラス張りのイグルサウナは目の前に広がるイナリ湖を独り占めできるプライベートサウナです。

　オーロラが出ているときに入れたら最高だろうなと思いながらロウリュすると、一気にガラスが曇ってしまいオーロラどころか湖さえ見えない！　これはここまで来

7

6

5

5イナリ湖は浅瀬なので、ドボンではなく「そろ〜り入水」スタイル。こちらのスタイル、全身が水に浸かるまで時間がかかるので冷たさMAX。この日の水温は鍛えられたわたしの体感計で6度くらいでした。6 7「わーキレイ！」と見ていたイナリ湖はロウリュの蒸気と共に完全に姿を消しました（笑）。でも空や景色を見ながら入るサウナは、暗くて教会のような雰囲気のスモークサウナとはまた違った良さがあります。

ととのってますね。
こんなふうに
なっちゃいますよ。

て実際にロウリュしなきゃわからなかった落とし穴。でもサウナは最高です。調子にのってロウリュしすぎて耳がちぎれそうでした。サウナ小屋からは「飛び込みなさい」と言わんばかりに板張りの道が湖につながっています。こうして自然の中にどっぷり浸かる体験は心も身体も若返るような気がします。

伝わる旅の英語フレーズ　フィンランドですばらしい時間を過ごせました！ I had such a great time in

オーロラを見ると人生が変わると聞いたことがありますが、フィンランド最北の地でやっと見られた特大オーロラで、わたしの人生は……特に変わっていないですね（笑）。でもオーロラ含めフィンランドで体験したことや感じたことで、考え方は変わったと思います。基本は「頭で考えず、シンプルに、心と身体がうれしいことをする」です。悩んだり、迷ったりしたら考えるのをやめて、フィンランドのサウナには行けないので、とりあえず近所のサウナに行きます。帰るころには「まぁいっか」になっていますし、忘れがちですが、いまあることに感謝しようと思うようになりました。最終目標は、フィンランド人の「太陽が出ていて、おいしいごはんを食べて、そこに好きな仲間がいればしあわせ」というレベルに到達することです。

　こういう考え方を学べたのは、フィンランドに行くきっかけをくれた母、サウナ旅やオーロラ旅に一緒に行ってくれた友人たち、仕事で連れて行ってくれたみなさんのおかげです。今回お話を聞かせてくれたフィンランド観光局の能登重好さん、フィンランド大使館のラウラ・コピロウさん、フィンツアーの美甘小竹さんと三輪哲也さん、フィンエアーの北野憲さん、『公衆サウナの国フィンランド』のこばやしあやなさん、フィンランドつながりで出会い、こうして本にも登場していただき、ありがとうございました。

　大和書房・編集担当の藤沢陽子さんはいつも目をキラキラさせてわたしのフィンランド話を聞いてくれました。企画編集をしてくれたマーベリックの大川朋子さんと奥山典幸さんは「自分も週末で行ってみる！」とそれぞれいきなり旅立ち、フィンランドが好きになって帰ってきてくれました。帯にコメントをくださったタナカカツキさん、わたし好みのデザインに仕上げてくださった植草可純さん、執筆・編集を手伝ってくださった丸山亜紀さん、松岡芙佐江さん、嶋屋佐知子さん、町田新吾さん、アベンジャーズのようなスゴい方々でした。みなさんのおかげでお気に入りの本ができあがりました。

「この本、サウナの話ばっかりじゃん！」と思われた方もいらっしゃるかもしれませんが、フィンランド人にとって、サウナは、なくてはならない大切な生活の一部です。わたしもサウナと出会ったおかげで、楽しくて、おもしろくて、ととのった日々を過ごしています。みなさんもぜひ、週末フィンランドへ行って森の中のサウナでシンプルなしあわせを感じていただけたらと思います。

２０２０年２月　岩田リョウコ

岩田リョウコ RYOKO IWATA

兵庫県生まれ名古屋育ち。コロラド大学大学院で日本語教育学を学び、2009年から外務省専門調査員として在シアトル総領事館勤務。2012年にアメリカでコーヒーの基本やトリビアなどをわかりやすくイラストで説明するサイト「I LOVE COFFEE」を立ち上げる。わずか2ヵ月でメディアに取り上げられ始め、月間150万ページビューのサイトに成長。2015年にブログが書籍化され、Amazonランキング全米1位のベストセラーに。現在、世界5ヵ国で翻訳出版されている。フィンランドでサウナに出会い、サウナに魅了されて以来、日本とフィンランドでサウナを巡るようになる。サウナ・スパ健康アドバイザー資格取得。フィンランド観光局公認フィンランド・サウナアンバサダーに任命される。著書に『コーヒーがないと生きていけない！』『直訳やめたら英語が一気にできるようになった私の話』（大和書房）など、また共著書に『エンジョイ！　クラフトビール』（KADOKAWA）がある。

http://www.ryokoiwata.com　Twitter @ilovecoffeejp　Instagram @ilovecoffeejp

企画編集　株式会社マーベリック（大川朋子、奥山典幸）

編集協力　丸山亜紀、松岡美佐江、嶋屋佐知子、町田新吾、ラウラ・コピロウ、能登重好、北野憲、美甘小竹、こばやしあやな、三輪哲也、スコット・マーフィー

SPECIAL THANKS　足立菜穂子、岩田規容子、大智由実子、かくたみほ、久志尚太郎、クラシエCRAZY創造部、桑原りさ、タナカカツキ、電通ビジネスデザインスクエア、中嶋真希、沼田晃一、フィンエアー、フィンランド大使館、フィンランド政府観光局、北欧旅行フィンツアー、松尾大、吉田将英、米田行孝、Sauna Fam Trip 2018、Mari Saloniemi、Päivi Heikkala

※本書に掲載されている情報は2020年1月現在のものです。
店舗、レートなどの情報は変更になる場合がございます。

週末《しゅうまつ》フィンランド
ちょっと疲《つか》れたら一番近《いちばんちか》いヨーロッパへ

2020年3月10日　第1刷発行
2024年6月15日　第7刷発行

著　者　岩田《いわた》リョウコ
発行者　佐藤 靖
発行所　大和《だいわ》書房
〒112-0014　東京都文京区関口1-33-4
電話　03(3203)4511
デザイン　APRON（植草可純、前田歩来）
イラスト　岩田リョウコ
写　真　岩田リョウコ、庄形和也、スコット・マーフィー
編　集　藤沢陽子（大和書房）
校　正　唐木 緑
カバー印刷　歩プロセス
本文印刷　光邦
製本所　ナショナル製本

ISBN978-4-479-78502-6

http://www.daiwashobo.co.jp